The Secret®

O SEGREDO
VERSÃO
TEEN

The Secret®

O SEGREDO
VERSÃO
TEEN

PAUL HARRINGTON

Ediouro

NOTA AO LEITOR

Esse livro contém as opiniões e as ideias do autor. Seu propósito é fornecer um material útil e informativo sobre assuntos tratados na publicação; seu propósito não é diagnosticar, prescrever ou tratar qualquer desordem de saúde ou outras questões de caráter pessoal sérias, nem garantir quaisquer resultados específicos. Esse livro é vendido com o entendimento de que o autor e o editor não se comprometem a prestar serviços médicos, de saúde ou qualquer outro tipo de assistência profissional ou pessoal mencionados no texto, e que o leitor deve se consultar com profissionais antes de adotar quaisquer das sugestões no livro, ou de inferir conclusões a partir dele. O autor e o editor eximem-se expressamente de toda responsabilidade quanto a obrigações, perdas ou danos, pessoais ou outros, que venham a decorrer diretamente ou indiretamente do uso e da aplicação de qualquer informação desse livro.

Título original
The Secret To Teen Power

Publicado em acordo com o editor original, Simon Pulse, um selo de Simon & Schuster Children's Publishing Division.

Tradução
Luciana Persice Nogueira

Projeto gráfico
Gozer Studio (Austrália) www.gozer.com.au
orientado por *O Segredo*
www.thesecret.tv

CIP-Brasil. Catalogação na fonte. Sindicato Nacional dos Editores de Livros, RJ.

H259s Harrington, Paul
O Segredo – versão teen / Paul Harrington; tradução Luciana Persice Nogueira. – Rio de Janeiro: Ediouro, 2010.

Tradução de: The secret to teen power
ISBN 978-85-000-2652-2

1. Pensamento Novo. 2. Sucesso – Aspectos psicológicos. 3. Autorrealização (Psicologia). 4. Felicidade. I. Título.

10-0575 CDD: 131
CDU: 13

Texto estabelecido segundo o Acordo Ortográfico da Língua Portuguesa de 1990, em vigor no Brasil desde 2009.

Rua Nova Jerusalém, 345 — CEP 21042-235 — Bonsucesso — Rio de Janeiro — RJ
Tel.: (21) 3882-8200 — Fax: (21) 3882-8212/8313

"O que é esse poder, não sei dizer.
Só sei que ele existe."

Alexander Graham Bell — *inventor*

SUMÁRIO

AGRADECIMENTOS

Esse é o trecho chatinho do livro em que o autor fica todo meloso e agradecido, e, talvez, até um pouco autoindulgente...

Alô?

Tem alguém acordado aí?

Bem, como eu estava dizendo, como tantas pessoas merecem mesmo agradecimentos sinceros e calorosos por suas contribuições para este livro, vou em frente, independentemente de alguém ainda estar lendo isso.

Primeiramente, quero agradecer a Ross McNair, que foi meu cúmplice, meu confessor e minha rocha firme nos estágios iniciais deste projeto. Além disso, você me passou muitas ideias e noções, inspirações e volteios literários, particularmente referentes a dinheiro, saúde, relacionamentos e o mundo. Você é um grande mestre e um grande amigo, e, por isso, sou-lhe grato.

A Colin Lee, da Shift International, antes de mais nada, por me inspirar e paparicar. Em ***O SEGREDO***, nós ressaltamos a importância de PERGUNTAR, ACREDITAR e RECEBER. Bem, foi o Colin quem me pediu este livro. Ele realmente acreditava na necessidade de um livro do

SEGREDO para adolescentes e jovens, e, por isso, agradeço o seu encorajamento entusiástico.

A Jim Stynes, que foi tão pródigo ao doar seu tempo e sua sabedoria. Como o Colin, o grupo do Jim, o Reach, fornece os programas mais inspirados no sentido de ajudar adolescentes a realizarem seu potencial e a alcançarem seus sonhos. E não há melhor leitor e sonhador (e cavalheiro, ainda por cima) do que o Grande Jim.

A Jan Child, que defendeu este projeto ao longo da sua editoração. Além de seus conselhos preciosos e contribuições criativas e brilhantes, Jan assumiu verdadeiros riscos por mim, e isso é algo de que sempre me lembrarei, com carinho.

Aos muitos escritores de histórias que contribuíram com seus relatos pessoais: este livro é um registro perene de sua coragem, honestidade e vontade de dar e ensinar aos outros tudo o que aprenderam. Ofereço a todos vocês minha mais humilde gratidão, dentre os quais: Rachael, Shiri, Michael, Michael, Elizabeth, Tien, Asher, Cassie, Jason, Shannon, Sam, Penelope, Yoshimitsu, KC e Janice, da Universidade de Northwood.

A Daniel Kerr, que tem uma enorme vocação para detetive particular. Seu trabalho de pequisa e coleta de todas as histórias que constam ao longo do livro foi simplesmente maravilhoso.

A Skye Byrne, por viver ***O SEGREDO*** todos os dias, por seus conhecimentos e conselhos precisos, e por virar este livro pelo avesso, como era necessário, com sensibilidade.

À minha incrivelmente talentosa equipe de design, Cameron Boyle e Nic George. Seu trabalho ousado na capa e desenhos sensíveis e inspirados ao longo das páginas elevaram este livro a um nível além. Vocês são demais.

À equipe do Gozer Studio — Shamus Hoare, James Armstrong e Luke Donovan — pelos incríveis leiaute e design gráfico, ambos feitos em tempo recorde. E permitam-me acrescentar Carn the Roos! É o melhor time de futebol do mundo (gente, eu avisei que isso seria autoindulgente!).

Muitos e muitos agradecimentos à equipe da Simon & Schuster: Darlene DeLillo, Dan Potash, Katherine Davendorf, Carolyn Reidy, Judith Curr e, sobretudo, Bethany Buck, cujo estilo cortante e doce, editando com mão de ferro e, ao mesmo tempo, sensibilidade, é tão perfeitamente adequado para trazer à tona o que há de melhor nesse autor.

À minha grande amiga Glenda Bell, por se juntar a nós há um ano e, quase literalmente, impedir que os lobos entrassem dentro de casa. Se não fosse pelo seu tremendo apoio e sua dedicação, duvido que eu conseguisse terminar este livro.

A Jessie Oldfield, Tim Patterson e Damian Corboy, cujos comentários, sugestões, trocadilhos horríveis e conversas provocadoras agiram de maneiras diversas, ora como freio, ora como acelerador, permitindo que eu mantivesse o norte. Palmas para essa atuação tão grandemente apreciada.

A Declan Keir-Saks, um jovem australiano de Los Angeles, cujas notas editoriais garantiram que eu ficasse sobre os trilhos, sem colocar o carro na frente dos bois. Obrigado.

Aos executivos de Chicago, Bob Rainone e Don Zyck, que, mais que executivos, são os nossos Irmãos Cara de Pau do Segredo, cuja missão divina obstinada parece ser levar nossas ideias a todos os cantos do planeta.

A Mike Gardiner e todos os seus compadres que cuidaram d'***O SEGREDO***... fico feliz em dizer que vocês ***podem*** lidar com a verdade. Obrigado por manterem o sonho vivo.

Aos membros da equipe d'***O SEGREDO***: Andrea Keir, Josh Gold, Raph Kilpatrick, Hayley Byrne, Laura Jensen e Chye Lee; a equipe de Chicago: Danielle Likvan, Sibel Rainone, Andi Roeder, Lori Sharapov, Susan Seah, Kyle Koch e Mindy Hankinson; e os guerreiros do website: Mark O'Connor, John Herren e Jimmy Palmer... obrigado a todos por seu apoio incansável, sugestões e encorajamento.

À minha família, Megan e Paige, muito obrigado por acreditarem em mim e dizerem que sou um cara legal, mesmo quando coloco uma jaqueta de veludo roxo. E a Asher, meu adolescente inspirador e razão específica para que eu escrevesse este livro. Dedico-o a você, agradecendo pelos seus comentários e conselhos, e, sobretudo, por não dizer que eu sou supercareta. Pelo menos, não todos os dias. Espero que, acima de tudo, por meio deste livro, você venha a acreditar nos seus sonhos.

E, claro, a Rhonda Byrne, minha chefa, mentora e melhor amiga... obrigado, obrigado, muito obrigado por confiar em mim, por acreditar em mim, por me convidar para essa jornada mirabolante. Sua generosidade e espírito ilimitados continuam a me inspirar e a iluminar meu caminho. Não preciso nem dizer que não haveria nenhum *O Segredo — versão teen* sem que houvesse, antes, ***O SEGREDO***. E eu agradeço especialmente por você ter partilhado ***O SEGREDO*** não somente comigo, mas com o mundo todo. Certa vez, você me deu um livro, que mudou a minha vida. Agora, eu te ofereço este, em retribuição. Nele, há o melhor que tenho em mim, inclusive meu coração.

Finalmente, agradeço ao leitor eventual, que se deu o trabalho de ler esta baboseira sem cair no sono... aposto que você é daqueles que ficam no cinema até a última linha dos créditos finais. Muito bem. Meio esquisito, mas é o seu jeito; pagou a entrada, agora, vai fundo. Se você for adolescente, ou simplesmente jovem, então, por favor, continue lendo, abra seu coração e mente a uma maneira toda nova de pensar, sentir e ser, e, aí, dê um passinho para o lado e veja todos os seus sonhos se tornarem realidade. Aposto como você consegue.

Esse livro é para ***VOCÊ***.

Com amor e bênçãos,

PAUL HARRINGTON

INTRODUÇÃO

DIRETO AO PONTO

Então, que história é essa de ***SEGREDO***, de que todos andam falando? Dizem que ele permite que você seja, faça ou tenha qualquer coisa que quiser. Parece uma coisa boa? Talvez boa demais?

A verdade é que ***O SEGREDO*** ajuda a trazer riquezas ao pobre, abundância ao esfomeado, paz a quem foi devastado pela guerra, bem-estar ao doente. Mas ele também ajuda a transformar os sonhos em realidade... ajuda você. Talvez você ache que não mereça. Mas merece. Se você tem condição de sonhar, então, tem o poder de fazer seu sonho acontecer. De verdade.

Ora, pode parecer óbvio, mas a parte mais difícil de viver o seu sonho é saber exatamente ***qual é o seu sonho***.

Lembra de quando era criança e não sabia que os limites existiam? Os adultos diziam "O que você quer ser quando crescer?", e você respondia "Astronauta", "Médico", "Bailarina" ou "Jogador de futebol". Você podia ser o que quer que desejasse.

Então, você ficou mais velho, e vieram todas aquelas pressões e expectativas, exigências e limitações. Você foi bombardeado por razões pelas quais não conseguiria viver aqueles sonhos. As pessoas começaram a dizer que você não era inteligente o bastante, não era forte o bastante, não era bonito o bastante, não era *bom* o bastante. Foi como se as suas ambições para o futuro tivessem sido, de alguma forma, sequestradas pelo mundo adulto.

Bom... e se houvesse um ***SEGREDO*** que permitisse a você viver os seus sonhos? E se pudesse voltar àquele tempo na sua vida em que não havia limites para o que pretendia ser? E se descobrisse que tem o poder de transformar todos os seus sonhos em realidade — ir a qualquer lugar, fazer qualquer coisa, ser tudo o que quiser ser?

Você ouviria?

Bem... quer descobrir um ***SEGREDO***?

O SEGREDO REVELADO
QUE GRANDE SEGREDO É ESSE?

Bem, você tem sido mantido na ignorância por tempo demais. Já está na hora de saber a verdade — a verdade nua e crua, por assim dizer. E a verdade, o grande ***SEGREDO*** de que tem ouvido falar... de fato libera o poder que permite a você ser tudo o que quer ser e alcançar tudo o que quer alcançar.

Milagres de saúde, riqueza, sucesso, relacionamentos, felicidade, liberdade, amor... todas essas coisas estão à sua disposição assim que você ficar conhecendo ***O SEGREDO***.

Mas, o que é exatamente esse ***SEGREDO***?

De acordo com a ciência, há certas leis que governam o Universo. Há a lei da gravidade — tudo o que sobe, desce. E tem a lei da relatividade de Einstein — tudo no Universo é feito de energia. E também tem a "teoria das cordas" — tudo o que existe no Universo vibra, tudo tem sua própria vibração.

Mas a lei mais poderosa em todo o Universo é... ***a lei da atração***.

O SEGREDO é ***a lei da atração.***

Tudo o que acontece na sua vida se resume à atração. Você atrai tudo o que acontece com você. Tudo mesmo, pouco importa se é uma coisa incrivelmente formidável ou terrivelmente medonha. Tudo vem de você.

E você faz isso com o poder do pensamento. Aquilo em que você pensa se concretiza, acontece.

UMA FONTE DE PODER UNIVERSAL

Sabe, os seus pensamentos são uma espécie de fonte de poder universal, uma força da natureza — aquilo que você pensa, você concretiza. Você vai criando a sua vida de acordo com o que está passando pela sua cabeça agora. Ora, isso pode parecer com os truques mentais de um Mestre Jedi, mas é verdade. Todas as principais religiões mundo afora confirmam isso, inclusive o hinduísmo, o judaísmo, o cristianismo, o budismo e o islamismo. E muitas civilizações e culturas ao longo dos últimos cinco mil anos também toparam com o poder do pensamento por meio dessa grande lei do Universo.

Mas chega de aula de história. Por enquanto, você só precisa saber de uma coisa: a lei da atração diz que ***semelhante atrai semelhante***. Esse é o resumo da história, o coração e a alma da lei do Universo.

É como o ditado: "Dize-me com quem andas, e te direi quem és." Em outras palavras, as pessoas são reunidas por causa de tudo o que elas têm em comum. Elas são unidas porque são semelhantes e gostam das mesmas coisas — semelhante atrai semelhante. Isso é a lei da atração posta em ação.

Mas é claro que não se trata de ter uma mesma aparência ou de ser idêntico. Os seus amigos não são todos clones. Vocês não têm a mesma aparência física, mas é quase certo de que *pensam* parecido e de que gostam uns dos outros por causa disso. Semelhante atrai semelhante — essa é a lei da atração.

E, de acordo com a lei da atração, é o seu pensamento que contém o poder e que realiza toda a atração. Por exemplo, você já pensou numa música? E, então, sem se dar conta, passa o dia todo pensando nessa música até ela grudar na sua cabeça? E, depois de algum tempo, você a ouve sendo tocada em todos os lugares, porque agora você está completamente obcecado por ela? Agora, você está atraindo a música — no shopping, na escola, na televisão — onde quer que esteja, os seus pensamentos passam a atrair a música.

OS PENSAMENTOS SE TRANSFORMAM EM COISAS

A lei da atração significa que os seus pensamentos se transformam em coisas.

Incrível, né? É como se sua vida fosse consequência dos pensamentos.

"Já que, de qualquer forma, você estará pensando, aproveite pra pensar grande."
Donald Trump — empresário imobiliário

As pessoas de sucesso parecem saber disso instintivamente, enquanto as que dão murro em ponta de faca, não. É por isso que estas atraem o fracasso. Em qualquer um dos casos, você cria a sua realidade, a sua sorte ou a falta de sorte. Tudo se resume à sua maneira de pensar.

Está bem, vamos aprofundar essa ideia. A lei da atração é realmente responsável por *tudo*. Tudo o que acontece na sua vida tem origem nos seus pensamentos. E, quer você se dê conta ou não, você está sempre pensando. Assistindo à televisão, conectado na internet, jogando videogame, vigiando a hora no relógio da escola, você nunca para de pensar. E são esses pensamentos que criam a sua vida futura. A sua vida presente é um reflexo perfeito dos pensamentos que teve no passado. É como uma retribuição por coisas muito antigas. O que você está pensando nesse *exato momento* voltará a ser atraído para a sua vida em tempos futuros.

"Tudo o que somos é o resultado do que já pensamos. Nos tornamos o que pensamos."

Buda — mestre espiritual

O BOM, O MAU E O FEIO

Sempre que alguma acontece — seja ela boa ou ruim, alegre ou triste — é pela ação da lei da atração. É ***VOCÊ*** quem atrai o que acontece. Por exemplo, você encontra 5 dólares na calçada. ***VOCÊ*** atraiu isso. Alguém que você tinha perdido de vista entra em contato pelo Facebook. ***VOCÊ*** atraiu isso. Ou talvez você descubra umas roupas incríveis numa liquidação, do tamanho certo, as últimas na prateleira. ***VOCÊ*** atraiu isso tudo.

Por outro lado, coisas não tão boas — como uma prova surpresa sem que você tenha estudado, ou uma espinha bem no dia daquele encontro romântico —, ***VOCÊ*** atraiu isso também.

Tudo bem, você deve estar pensando: *"Como posso criar uma espinha? Como eu consigo atrair isso?"*

Bem, o lance é o seguinte: lembra que Einstein deduziu que tudo no Universo é feito de energia? Tudo o que você pode ver, tudo o que pode tocar ou saborear ou segurar, é feito da mesmíssima coisa: energia. Além das moléculas, dos átomos, dos elétrons e do "não sei mais o quê", numa magnitude submicroscópica, tudo é simplesmente energia. E sabe o que mais? Isso inclui ***VOCÊ***.

Mas olha só outra surpresa: os seus *pensamentos* também são energia.

Pense bem: os médicos usam aparelhos como EEG (para eletroencefalogramas) e tomografia computadorizada do cérebro, que medem a energia despendida pela atividade cerebral. Acontece que o seu cérebro transmite energia a cada pensamento. Portanto, os pensamentos *são*, de fato, energia.

"A energia da mente é a essência da vida."
Aristóteles — filósofo

E quando essa energia do pensamento, ou *vibração mental* que você transmite, está em perfeita sincronia com as coisas em que está pensando, você cria uma atração magnética poderosa — semelhante atrai semelhante. Isso é uma coisa superincrível: tudo o que você pensa é atraído por você.

CONTROLE ABSOLUTO

Outra maneira de encarar a coisa é você se ver como uma espécie de controle remoto universal. Normalmente, um controle remoto pode acionar a televisão, o DVD, o MP3, o console de videogame e o aparelho de som. Com um apertar de botão, um sinal infravermelho muda o canal, aumenta ou abaixa o volume, toca música ou inicia um jogo ou um filme. Ele faz o que você desejar, simplesmente enviando um sinal diferente.

Bem, você é ainda mais poderoso, porque pode controlar a totalidade da sua experiência. Exatamente como o controle remoto, basta você enviar um sinal diferente.

Digamos que, por exemplo, você tenha tido um desentendimento com os seus amigos, e estão todos evitando falar com você. Os seus pensamentos ficam cheios de amargura, ressentimento e solidão. E é isso que você sente. A fim de mudar o canal, de mudar o que está vivenciando, você tem que enviar um novo sinal. Precisa ter pensamentos de contentamento, felicidade e confraternização. E, aí, os seus amigos vão voltar para perto de você.

E é dessa maneira que você pode mudar tudo, todas as experiências da sua vida, assim como as do mundo ao seu redor. É, realmente, como mudar o canal. Mas, em vez de um sinal infravermelho, você faz isso com o poder dos seus pensamentos.

O QUE VOCÊ PENSA, VOCÊ CRIA

O fato é que você atrai para a sua vida as coisas sobre as quais mais pensa, e também *se torna* aquilo sobre o que mais pensa. Assim, o ato de pensar naquilo que mais deseja se torna extremamente importante!

> *"O homem é mero produto de seus pensamentos. Ele se torna aquilo em que ele pensa."*
> Mahatma Gandhi — líder espiritual

O problema é que, se você é como a maioria das pessoas, gasta tempo demais pensando no que está errado na sua vida ou em coisas que não quer. E, adivinha? Coisas ruins acontecem. Você briga com seus pais. Ou seu e-mail não é enviado. Aí reclama sobre essas coisas que estão acontecendo, e, adivinha? *Mais* coisas ruins acontecem.

O QUE FAZER E O QUE NÃO FAZER

Aquilo em que você pensar, seja lá o que for, vai acontecer. Essa é a lei. Então, se você fizer um esforço e pensar sobre as coisas boas da vida — coisas de que você gosta, coisas que você quer que aconteçam —, é isso que você vai atrair. É isso que acontece. É comum você ouvir alguém dizer: "Me acontece cada uma!" Faça por onde para que as coisas que te acontecem sejam boas.

Algumas pessoas, até quando conhecem ***O SEGREDO***, ainda cometem o erro clássico de pensar sobre coisas que elas ***não querem***. Do tipo:

- ***não*** quero ser rejeitado;
- ***não*** quero notas ruins;
- ***não*** quero engordar.

Mas, veja bem, em cada um dos casos, você está pensando no que não quer. Se fizer isso, você vai se estressar, vai enviar uma vibração estressada e vai atrair exatamente o que não quer. É como se você dissesse:

- eu ***quero*** ser desprezado e humilhado publicamente;
- eu ***quero*** que a minha nota vermelha fique bem à vista, para a escola toda ficar sabendo;
- eu ***quero*** estourar o botão do meu jeans predileto.

Não tem como pensar assim e esperar que isso não aconteça. Você tem que mudar o pensamento para que ele reflita e projete exatamente o que você quer ***realmente***. Por exemplo:

- sou popular e tenho um monte de amigos superlegais;
- só tiro notão nas provas;
- fico ótimo/a em qualquer roupa.

E é isso que você vai atrair; é isso que você vai ser.

NADA DE "E SE" OU "MAS"

A lei da atração sempre lhe dá aquilo em que você *pensa*, mas sem as qualificações, os "e se", "mas" e "não quero".

Ora, pode ficar parecendo que o universo tem audição seletiva, como quando o seu pai pede para algum irmão seu jogar o lixo na lixeira, e ele jura de pé junto que não ouviu.

Mas, na verdade, é mais como um foco sobre palavras-chave. Como um site de pesquisa — Google, Yahoo, iTunes, ou outro.

Digamos que você está procurando uma música na internet. Mas não gosta de bandas emo ou cantoras pop, e aí digita algo como "NÃO My Chemical Romance ou Katy Perry".

Você vai se dar conta de que o site de pesquisa simplesmente ignorou a palavra "*não*" e focalizou nas palavras-chave. E vai te dar centenas de sites sobre a banda e a cantora que você justamente *não queria*. Você deu de cara com as palavras-chave.

Acontece o mesmo com a lei da atração. Você sempre atrai as palavras-chave, o assunto-chave dos seus pensamentos. Você pensa e encasqueta com alguma coisa que não quer que aconteça, mas que acaba acontecendo, mesmo assim. Por quê? Porque você focalizou justo na coisa que não queria, o assunto pensado, e o universo conspirou no sentido de dar a você exatamente aquilo. A única maneira de obter o que você realmente quer na vida é focalizar no que você quer, ***de fato***.

HERÓIS

Shane Gould

Uma menina de 15 anos de idade chamada Shane Gould chegou às Olimpíadas depois de conquistar o recorde mundial de natação, em todas as distâncias entre 100 e 1.500 m. Ela foi um fenômeno absoluto, como o mundo jamais vira antes.

Ao chegar às finais dos Jogos, Gould teve que enfrentar suas principais rivais, que chegaram à borda da piscina usando camisetas escritas "Nem tudo o que brilha é ouro". Pensem só: competidoras de alto nível, de estatura mundial, candidatas à medalha de ouro, usando armadilhas psicológicas! E o resultado de sua artimanha? Gould se tornou a primeira nadadora a ganhar três medalhas de ouro individuais numa Olimpíada, batendo, em todas as competições, o recorde mundial.

O que aprendemos com a história da Shane Gould — ao menos, do ponto de vista de suas concorrentes — é que não se pode focalizar no que não se quer (no caso das nadadoras, que Gould levasse o ouro), porque é isso que se obtém. Então, não agoure a medalha dos outros... Lute pela sua.

MINHA VIDA, POR ASSIM DIZER

Às vezes, nós deixamos que a vida nos desaponte. Ficamos chateados quando as coisas não acontecem como desejamos, e aí tudo começa a piorar ainda mais. Os pensamentos negativos atraem uma situação negativa. E novos pensamentos negativos atraem uma condição pior ainda, e, quando você dá por si, está amargurado, zangado e rodeado de tristeza.

Você já percebeu como as pessoas negativas e mal-humoradas, que estão sempre reclamando de tudo, que parecem estar choramingando a maior parte do tempo, acabam ficando infelizes o tempo *todo*? Elas têm uma vibração ruim. E costumam viver cercadas de outras pessoas negativas e mal-humoradas. É isso que elas atraem. A vida delas é assim.

"As pessoas negativas podem sugar a sua energia muito rapidamente e arrancar os seus sonhos de você."

Magic Johnson — campeão de basquete

Mas também existem pessoas tranquilas, amistosas, que estão sempre olhando para o lado positivo das coisas. Elas têm vidas felizes e costumam viver cercadas de outras pessoas tranquilas e felizes. Isso é tudo consequência do pensamento — a sua vida é realmente apenas um reflexo da sua vibração e dos pensamentos que você cultiva.

Então, que tipo de vida você quer? Quais são os seus pensamentos mais frequentes? Qual é a sua vibração?

UMA LEI SEM FALHAS

Todos atraímos com cada pensamento que produzimos, e a lei da atração exige uma reação, invariavelmente. Se parece que a lei não funcionou, porque você não tem o que deseja, bem, na verdade, a lei funcionou, sim, ela reagiu a você. Se você não tem o que deseja, é porque os seus pensamentos devem ter sido focalizados na *ausência* do que queria. Você percebeu que o que queria não estava lá, e isso ativou uma outra atração... a atração de *não* conseguir obter o desejado.

É como quando você participa de uma equipe esportiva — futebol, basquete, vôlei etc. No primeiro jogo, quando a lista dos jogadores é afixada na parede, vê que o seu nome aparece na reserva. Então, fica zangado com o técnico. Você começa a ficar irritado. A cada semana, dá uma olhada na lista de nomes, e, como você suspeitava, o seu nome não está entre os primeiros. Por quê? Porque você está reagindo à ausência do que deseja. Você está reagindo à decepção de não jogar no time principal. Você está mandando uma vibração poderosa: "Estou fora do time." E o universo reage, através do seu técnico e de seus colegas de jogo, mantendo-o "fora do time". Continue assim e vai acabar totalmente excluído do grupo. Mas é claro que não deseja isso. Ao contrário, você tem que pensar: "Eu ***estou*** no time", quer você dê o chute inicial ou esquente o banco de reserva. Porque, em qualquer dos casos, em todos os casos, tem que focalizar no que realmente deseja, não no que você não quer.

SOMOS ÍMÃS

Um pouco mais de ciência. Vivemos num universo eletromagnético em que tudo se atrai. Isso quer dizer você, eu, todo o mundo e todas as coisas no universo são magnéticas.

E não é só isso: como ímãs, nós atraímos todas aquelas coisas de que mais gostamos. Todas as coisas que vêm às nossas vidas foram atraídas por nós magneticamente.

E, considerando que os pensamentos também são energia, com sua vibração própria e suas propriedades magnéticas próprias, isso significa que os seus pensamentos atraem coisas, que os seus pensamentos se tornam coisas e que, portanto, a sua mente molda o mundo ao seu redor. Nossos pensamentos atraem coisas para dentro de nossas vidas, como um ímã.

Não fique estressado se não conseguir entender essas coisas técnicas. Não é preciso saber como ativar um reator nuclear para acender o interruptor da luz. Você só precisa ter um pouco de fé no fato de que a coisa funciona e no fato de que pode usar esse ímã para ser, fazer ou ter o que você bem entender.

HISTÓRIAS REAIS

O Segredo de Rachael

Quando eu estava no terceiro ano do ensino fundamental, falei para a minha mãe que eu queria ir para a Universidade de Notre Dame. Lembro-me de ir a encontros, aos 13 anos de idade, sobre o que era preciso saber e fazer para entrar na faculdade — o que dá uma ideia do quanto eu queria aquilo. A Notre Dame não aceita alunos simplesmente por causa de boas notas e médias finais. A faculdade exige muito mais que isso. Eu sabia de todos os detalhes para poder entrar no curso, e usei essas informações a meu favor.

Eu dizia para todas as pessoas com quem conversava, novos amigos e velhos amigos, que eu iria para a Universidade de Notre Dame. A reação era quase SEMPRE a mesma: "Puxa, não é difícil entrar lá? Você não tem que ser muito inteligente?" Eles me desejavam boa sorte num tom de quem diz: "Você vai precisar mesmo." Eu nunca deixei que isso me desanimasse.

Antes de cada jogo de futebol americano, a Notre Dame fazia uma propaganda mostrando uma menina pegando "a carta" na caixa de correio de casa. EU CHORAVA TODAS AS VEZES (porque podia SENTIR, com tanta intensidade, como eu iria me sentir quando aquele dia chegasse para mim).

Quando chegou a época de enviar minha candidatura para a faculdade, fiquei mais preocupada do que jamais tinha ficado na vida, mas eu continuava dizendo às pessoas que eu iria para lá. Às vezes, um pensamento surgia na minha cabeça: "E se eu venho dizendo para todo o mundo que vou para lá e, depois, acabo não indo? Eu sempre parava e dizia: "NÃO, eu não vou me deixar ter esses pensamentos." E continuava a imaginar e a sentir as sensações de chegar em casa e ver a carta esperando por mim em cima da mesa.

No dia 28 de março de 2008, recebi um telefonema do meu padrasto dizendo que eu tinha que voltar para casa "IMEDIATAMENTE". Quando cheguei em casa, vi o envelope e senti a mesma coisa que tinha sentido antes, na minha mente — só que mais forte.

A carta dizia: "Bem-vinda ao lar."

Nunca quis tanto uma coisa em toda a minha vida. Jamais tinha EXPERIMENTADO algo mais intenso. Eu SABIA que a Notre Dame era o meu lugar, o meu lar (acho que Deus, o Universo, também sabia).

Rachael, 18 anos

Indiana, EUA

CARPE DIEM — APROVEITE O MOMENTO

Tanta gente vive para o amanhã, em vez de para o dia de hoje. É como se a vida começasse quando você tira a sua carteira de motorista, ou quando se forma no ensino médio, ou quando se muda da casa dos seus pais. E é tudo *quando, quando, quando*. Mas isso não é viver o dia de hoje.

Uma imensa parte do ***SEGREDO*** é que a totalidade do seu poder está concentrada no dia de hoje, no momento atual, nesse exato instante, *bem agora*. Aquilo em que você mais pensa e no que você mais concentra os seus pensamentos no momento presente vai acabar se tornando a sua vida no futuro. É como uma retribuição por atos passados, mas nem tão passados assim. Isso equivale a dizer que você não pode ficar zangado e frustrado hoje, e esperar que as coisas melhorem amanhã. Focalize sua atenção no dia de hoje, fique satisfeito *agora*, porque essa é a única maneira dos seus sonhos futuros se tornarem realidade.

"Nós somos os compositores de música.
E os sonhadores de sonhos."
Arthur O'Shaughnessy — poeta
segundo citação de A Fantástica Fábrica de Chocolate

Você pode estar pensando consigo mesmo: "Mas, espera aí, eu não estou pronto para viver o meu sonho. Eu ainda *nem descobri* qual é o meu sonho."

Bem, vamos resolver isso agora.

O MAPA SECRETO DA MINA

O que *você* quer fazer? Quem *você* quer ser?

Não sabe? Relaxe, essas perguntas são bem profundas. Mas, sabe de uma coisa? A resposta está, provavelmente, bem debaixo do seu nariz. Você só precisa ficar consciente das coisas que, de fato, te entusiasmam. Estou falando sério. É quase certo de que o que você quer fazer e quem deve se tornar estejam embolados dentro do que deixa você todo animado nesse exato momento. Então...

Pegue um bloco e escreva uma lista de todas as coisas de que gosta de fazer, coisas incríveis que deixam você com o coração acelerado e a cabeça a mil.

Sem torrar os neurônios, com toda a calma do mundo, escreva qualquer coisa que você adore fazer, ou que realmente deseja que aconteça. Pode ser ligado à escola ou aos amigos. Talvez seja algo que você faz sozinho. Ou alguma coisa que sempre quis fazer. O que quer que venha à mente, escreva.

Agora, faça isso agora mesmo.

......

Você não fez, fez? Aposto como ficou pensando: "Vou fazer isso outra hora." Bom, a hora *é essa*. Esse é o seu momento presente. Essa é a sua grande oportunidade de se lançar, de brilhar.

"Muitas pessoas têm medo de dizer o que realmente desejam. É por isso que não conseguem o que querem."
Madonna – cantora, atriz

A verdade é que a maioria das pessoas simplesmente segue a correnteza; elas se juntam ao rebanho. A decisão é sua. A escolha é sua: ser um seguidor e se contentar com o que já existe. Ou sair da multidão e pegar para si o que lhe cabe.

Você está a fim de fazer isso? Ótimo! Então escreva uma lista de todas as coisas que o deixam eletrizado, que o fazem se sentir de bem com a vida. Vai fundo. O que tem a perder?

Para atiçar sua criatividade, seguem aqui algumas sugestões:

- Arte
- Bichos
- Blogs na internet
- Canto
- Carros
- Ciência
- Cinema
- Comércio
- Computadores
- Dança
- Ecologia
- Esportes

- História
- Jogos eletrônicos
- Jornalismo
- Moda
- Motos
- Música
- Política
- Redação
- Saúde
- Skate
- Surfe
- Teatro
- Tecnologia
- Trabalho voluntário

Se a sua paixão não está nesta lista, não se preocupe. Seja sincero consigo mesmo e faça a sua própria lista. Para facilitar as coisas, imagine-se fazendo cada uma das coisas que você considera interessantes. Imagine com todos os sentidos — as imagens, os sons, os odores, as sensações —, sinta a emoção, sinta a eletricidade no ar. Quais são os melhores momentos?

Agora, reduza a lista às três coisas que você prefere. Seja firme; seja forte.

OK? Feito?

Parabéns! Porque essas três coisas são o seu propósito, a sua paixão e a sua motivação na vida.

E é *isso* que importa na vida. Esse é o seu poder ***SECRETO***, ***O SEGREDO*** revelado para você!

O SEGREDO SIMPLIFICADO

EXPLICANDO O "S" MAIÚSCULO

Então, agora vocês já estão sabendo da lei da atração. E, para alguns de vocês, toda essa conversa sobre lei pode ter feito pensar no seguinte: "Tudo bem, mas nem toda lei se aplica a mim."

Mas a lei da atração se aplica a todos e a tudo. Não dá para infringir essa lei, nem evitá-la. Porém, quando você canaliza a lei da atração, pode fazer o que quiser e ser o que quiser, independentemente da sua religião, raça, etnia, idade, sexo ou condição financeira.

Isso, porque a lei da atração é uma lei universal. Como a lei da gravidade, ela se aplica igualmente a todas as pessoas, não importa quem você é nem quem são os seus pais. E isso significa que não há um sinal secreto que ajude uma ou outra pessoa que seja rica ou famosa.

Pense no Tony Hawk. Mesmo sendo o rei do *half-pipe*, ele tem sua dose de lesões e fraturas. Isso ocorre porque a gravidade não dá trégua a ninguém, nem aos esqueitistas com grandes contratos, nem a outra pessoa qualquer, sob hipótese alguma. A gravidade é uma lei universal e se aplica a igualmente a todos. O mesmo acontece com a lei da atração.

NÃO É JUSTO

Outra coisa que deixa as pessoas meio pasmas é ver o que está acontecendo à sua volta, tudo o que se vê nos noticiários. Cadê a lei da atração nisso tudo?

Bem, a verdade cruel é que as vítimas das tragédias não pediram para ter o destino que tiveram (e elas não o mereciam de jeito nenhum). Provavelmente, elas nem sabiam que tinham a capacidade de atrair o que quer que seja. Apesar disso, existe uma atração. E isso acontece porque a lei da atração funciona com ou sem o conhecimento das pessoas. A maior parte do planeta está ligada no piloto automático.

Pense no seguinte: você ouve música no seu MP3, iPod, telefone celular, o que for. Você seleciona a sua lista de favoritos ou escolhe faixa por faixa, exatamente, que está querendo ouvir. Isso é como atrair o que você quer, quando quer. Por outro lado, você pode ouvir as faixas fora de ordem; nessa opção, ouve as músicas sem critério, podendo, até, não gostar de algumas. Você ouve o que lhe é dado, não o que você escolheu.

Muitas das histórias tristes e das tragédias vistas no noticiário da TV são assim. Pessoas que não conhecem ***O SEGREDO*** atraem automaticamente. Elas estão no modo "fora de ordem" e atraem coisas que não querem, mesmo sem saber disso. Elas foram condicionadas a acreditar que você recebe da vida o que lhe é dado pelas circunstâncias, mesmo que se trate de uma canção que não se quer ouvir, ou um furacão prestes a destelhar a sua casa.

Então, como se pode evitar tais tragédias? A solução é simples: não viva "fora de ordem". Faça a sua seleção pessoal, atraia o que quer, pensando por si próprio. Crie os seus próprios pensamentos de esperança e otimismo, e deixe que eles levantem voo de forma que você assuma o controle sobre o seu próprio futuro.

Você tem uma escolha neste exato momento. Você quer acreditar que é tudo uma questão de sorte ou azar, e que coisas ruins podem acontecer com você a qualquer momento? Você quer acreditar que pode estar no lugar errado na hora errada? Que você não tem nenhum controle sobre os acontecimentos?

Ou você quer acreditar e ***sabe*** *que a sua experiência de vida está nas suas mãos e que somente coisas* ***boas*** *podem entrar na sua vida porque é assim que você pensa? Você tem uma escolha, e o que você escolher pensar* ***vai*** *se tornar, sim, a sua experiência de vida...*

Sua vida está em suas mãos. Não importa onde você esteja agora, não importa o que já tenha acontecido na sua vida, você pode começar a escolher conscientemente os seus pensamentos, e você pode mudar a sua vida.

Rhonda Byrne

O SEGREDO

"Sorte é quando uma oportunidade surge e você está preparado para ela."

Denzel Washington – ator

ONDE EU ESTAVA COM A CABEÇA?

Outra coisa que deixa as pessoas ansiosas quando tomam conhecimento do ***SEGREDO*** é o medo de terem que ficar concentrados nos seus pensamentos o tempo *todo*. Pensamentos *bons*... Pensamentos *ruins*... *Quero*... *Não* quero... Que pesadelo!

Preste bem atenção: você tem, no mínimo, 60 mil pensamentos por dia. E com todos esses pensamentos quicando dentro da sua cabeça, pode parecer muito difícil controlá-los. O que pode fazer de fato é se concentrar em como está se sentindo.

Sabe, quando você está se sentindo bem, não tem como evitar ter pensamentos bons. E esses bons pensamentos atraem outros bons pensamentos, e sentimentos ainda melhores. E isso instala a atração de todas as coisas boas que vão pintar no seu caminho. É aí que você pode ter certeza de que está numa onda legal, numa maré de sorte, num dia perfeito.

Mas se você estiver se sentindo para baixo ou deprimido, isso indica que os seus pensamentos estão tomando um rumo sombrio. E isso costuma levar a uma espiral de pensamentos ruins e sentimentos ruins. As coisas vão de mal a pior, num círculo vicioso: um dia muito ruim.

É como quando uma coisa dá errado logo pela manhã — acaba a água quente na hora do seu banho, ou o leite que restava para o café azedou. E, a partir daí, tudo vai descendo numa espiral galopante, de tropeço em tropeço.

O que você talvez não entenda é que tudo começou com um único pensamento negativo, que atraiu outros pensamentos negativos e sentimentos ruins, até que algo ruim acontecesse, o que, por sua vez, atraiu uma reação ruim e mais pensamentos ruins e sentimentos negativos, e, de repente, toda a sua vibração fica presa numa reação em cadeia de atrações ruins. Você fica preso a uma maré de azar.

Por isso, se você algum dia passar por uma experiência assim, precisa entender que ela não está acontecendo por causa das coisas ruins que estão rolando à sua volta. Elas são apenas o efeito. Tudo se deve aos seus sentimentos e pensamentos. Quando você sabe disso, consegue transformar um dia ruim simplesmente mudando a maneira de pensar e de sentir.

A ideia básica é manter-se alerta e perguntar a si mesmo: "Como estou me sentindo agora? Como está a minha vibração?" Se você estiver vibrando de alegria, vai atrair coisas ótimas. Mas se estiver sentindo raiva, ressentimento, depressão ou medo, os seus pensamentos ficam sombrios... assim como o que você passa a atrair.

HERÓIS

Daniel Johns

Os três integrantes da banda grunge Silverchair estouraram nos palcos quando ainda não passavam de jovens adolescentes. Aclamados por todo o mundo, seu sucesso rápido teve seu preço. Daniel Johns, cantor principal e compositor, ficou muito estressado com toda aquela pressão da indústria da música e das turnês, gravações, publicidade, severidade dos horários e expectativa de um sucesso cada vez maior. Para piorar, Johns foi atacado por delinquentes que o reconheceram na rua. Ele se tornou recluso, passou a sofrer de ansiedade e desenvolveu um distúrbio alimentar.

Não foi surpresa que Johns tenha começado a não gostar mais de música, apesar de continuar a se apresentar — contra a sua vontade. Na verdade, a angústia adolescente sobre a qual ele cantava não era só uma encenação; ele estava praticamente se afogando nela. Foi aí que ele resolveu que não queria continuar a se sentir daquela maneira. E, mais importante ainda, que ele não queria fazer música enquanto estivesse se sentindo daquela maneira. Então, fez uma coisa totalmente inesperada. Ele pegou as matrizes do álbum recém--terminado dos Silverchair, Diorama, *e as apagou. Até a última faixa! Como ele explicou aos colegas da banda: é importantíssimo que se sinta bem quando está criando, senão, o que você cria? O que você atrai?*

Daniel Johns mudou seus pensamentos, suas emoções, e sua vibração como um todo e, com a banda, ele regravou, inteiramente, o álbum. E o Diorama *se tornou o disco da grande virada da carreira da banda, graças à decisão de Daniel Johns de mudar seus pensamentos e, sobretudo, seus sentimentos.*

Os seus pensamentos criam a atração. Os seus pensamentos são o poder, a energia, o ímã. Os seus pensamentos são a causa primeira de tudo o que acontece. Mas são os seus sentimentos que indicam se os seus pensamentos estão atraindo o que há de bom na vida, ou afastando você disso.

Se os seus sentimentos estiverem dizendo para você que os seus pensamentos estão atraindo coisas ruins, então, é óbvio que está na hora de mudar os seus pensamentos. Sentimentos ruins e vibração sombria são uma espécie de sistema de alarme. Eles são como uma sirene alta e estridente que dispara na sua cabeça.

MUDE A SINTONIA

Então, quando a sua vibração sombria estiver te dizendo que os seus próprios pensamentos estão bloqueando o que há de bom na vida, e atraindo coisas ruins, você sabe que está precisando mudar a sintonia. Mas como? A resposta é simples: fazendo todo o possível. Simplesmente descubra uma maneira de mudar o que você está sentindo. Quebre o ciclo. Faça algo diferente.

Talvez você deva andar de patins, de bicicleta ou correr... qualquer tipo de exercício físico. Ou basta respirar ar puro — sinta o calor do sol, o vento nos seus cabelos ou a chuva caindo na sua pele. Ouça os sons, impregne-se das cores. Feche os olhos e simplesmente sinta que está vivo.

Ou, então, experimente um pouco de música. Essa é outra grande opção para mudar o astral. Claro, você vai ter que prestar atenção nas faixas que vai selecionar, para que elas tenham a vibração que quer criar. Digamos que esteja preocupado ou deprimido com alguma coisa. Por exemplo, você levou o fora, foi dispensado pelo seu novo amor. O que você faz? Vai para casa e coloca uma música bem deprimente de dor de cotovelo? Umas canções de partir o coração? Nem pensar! Seria como cair de boca numa feijoada completa porque está se sentindo gordo. Falando sério. Não vai ajudar em nada.

Ao contrário, você tem que dar meia-volta e fazer o inverso: coloque umas músicas alegres. Jogue Guitar Hero ou cante no karaokê no volume máximo. O que for preciso para mudar o seu astral. Porque para se sentir melhor e ter pensamentos melhores você não pode ficar morrendo de pena de si mesmo.

Experimente. Coloque uma música. De preferência, uma coisa bem ritmada, que deixe você se sentindo bem. E cante. É sério, faça um karaokê. Como aqueles sujeitos que andam cantarolando pela rua com os fones de ouvido ligados, desafinados e engraçados. Eles não ligam, a cantoria os deixa felizes. Isso acontece porque sua *vibração* está em total sintonia com a música.

É o mesmo lance com a dança. É por isso que tem tanta música *house* e *tecno* boa de se dançar. Você pega logo o ritmo e todo o seu corpo vibra no compasso, numa grande harmonia que chacoalha o coração, os pulmões, impulsiona os pés e faz você se sentir fantástico... É intenso. Todas essas coisas mudam, com toda a certeza, o seu astral, melhoram a sua vibração e fazem com que você se sinta vivo.

NASCIDO PARA ESTAR VIVO

E esse é mais um segredo por trás d'***O SEGREDO***. Simplesmente: sinta-se vivo, sinta-se fantástico, sinta-se em êxtase! Essa é a maneira mais rápida de atrair a vida dos seus sonhos. Concentre-se em irradiar para o Universo sentimentos de alegria e felicidade; eles serão refletidos de volta para você sob a forma de experiências da sua vida futura.

Ora, isso pode parecer mais fácil de dizer do que de fazer. Como se você estivesse totalmente para baixo, e as pessoas esperassem que você ligasse um interruptor e acendesse uma função “seja feliz”. Não é como se pudesse simplesmente escolher os seus sentimentos numa prateleira qualquer. Ou clicar num ícone alegrinho.

Não seria ótimo se na vida real você pudesse simplesmente selecionar um menu, clicar na opção alegre a qualquer instante e escolher o que sentir? Bem, mesmo que algumas pessoas façam isso, a maioria de nós não consegue. Mas não se preocupe, tem uma outra maneira à sua disposição de você ficar feliz, quando quiser: dando pequenos passos e subindo progressivamente graus de sentimentos.

GRADUE OS SEUS SENTIMENTOS

Digamos que você esteja desesperado e deprimido. Como quando o seu amor deu o fora em você. Isso é uma depressão séria — é quase um dos níveis mais baixos a que se pode chegar, a vibração mais baixa. Mas, em vez de simplesmente tentar ser feliz, o que é uma vibração muito mais elevada, você precisa mudar os seus sentimentos para um ponto mais próximo de onde está atualmente. Em vez de se fechar como uma concha de desespero (e, depois, se preocupar com todo o mais que você vai acabar atraindo!), mude os seus sentimentos aos poucos, para frustração e irritação. "Quem é ele (ou ela) para terminar *comigo*?"

O sentimento seguinte a tentar alcançar é o tédio, que você cria ao pensar de maneira desinteressada, como: "E daí? O meu ex (a minha ex) não me merecia mesmo."

Depois disso, tem a satisfação moderada. Pense em algo que faça você se sentir relativamente bem: "Tem muita gente interessante dando sopa por aí."

Continue assim até sentir esperança, e, depois, entusiasmo, felicidade, paixão, alegria e, finalmente, amor.

E, no amor, a sua vibração fica a mil: é a frequência mais alta possível. Quem ama atrai muitas coisas que inspiram. Seja o amor por outra pessoa, por um lugar, por experiências ou coisas que você adora fazer, o sentimento do amor é o antídoto perfeito para o desespero e a depressão. E só dar esses pequenos passos para se sentir melhor já vai permitir que você descubra que alcançar o amor, ou outra coisa qualquer que queira, não é tão difícil assim.

HISTÓRIAS REAIS

O Segredo de Shiri

No início do último ano do ensino médio, eu estava muito deprimida. Durante todos os anos anteriores na escola eu nunca tinha me sentido segura, nunca tinha tido amigos de verdade, nunca tinha me divertido — e, se isso aconteceu, foi excepcional. Eu não era muito boa aluna. Eu tinha um estilo de vida pouco saudável, ficava fora de casa três vezes por semana e tinha um relacionamento ruim com minha família. Eu sabia que minha vida estava indo numa direção ruim, e tudo o que queria era mudar. Eu não tinha a menor ideia de como fazer isso, nenhuma estratégia. Eu só queria muito mudar tudo.

Então, comecei a estudar e parei de sair com as pessoas que tinham uma influência negativa sobre mim. Tentei mudar meu estilo de vida, mas não deu. Percebi que não estava conseguindo (embora quisesse fazê-lo) porque ainda estava pensando da maneira errada, e eu tinha que mudar isso.

Então, me forcei a me sentir bem. Desde então, minha vida tem sido MARAVILHOSA. Aconteceu como num passe de mágica! Eu recebi da vida mais do que esperava!

Primeiro, nos estudos: me forcei a acreditar que eu SEI, eu SOU inteligente, e, aí, minhas notas começaram a aumentar cada vez mais, até eu ter as melhores notas em todas as nove matérias da escola. E eu nem estudava demais! Um ou dois dias de estudos bastavam para mim, enquanto outros alunos estudavam a semana toda, inclusive nos fins de semana.

Depois, eu me forcei a me sentir amada. Pedi para ter amigos sinceros. Não sei como, mas, de repente, encontrei excelentes amigos e irmãos de alma na minha escola, quando antes eu tinha CERTEZA de que não conseguiria me relacionar com ninguém. As pessoas me adoram, até as que me odiavam. Um dia, uma garota que dizia publicamente que me odiava perdeu as chaves do carro, e eu as achei. Ela e suas amigas me agradeceram e disseram: "A escola toda está falando bem de você agora." Fiquei feliz porque as pessoas sempre tinham me detestado na escola. Aquela foi uma mudança ENORME para mim.

Tudo o que era problemático na minha vida antes acabou ficando legal, porque eu me forcei a me sentir bem, me forcei a me sentir amada, me forcei a me sentir querida e, finalmente, consegui isso.

Meu conselho: ACREDITE, ACREDITE, ACREDITE! Isso só dá em coisas ÓTIMAS.

Shiri, 18 anos

Kiryat Shmona, Israel

SUA DECISÃO

Está nas suas mãos: você pode escolher se sentir bem agora, ou pode adiar isso para outro dia, outra semana, outro mês, ou até mais distante ainda no tempo. Na verdade, você pode ficar se sentindo mal e triste todo o tempo que quiser. Mas ouça bem esse segredo: a tristeza não é uma coisa que você queira. Não é o seu estilo e não fica bem em você.

Então, qual é a sua escolha? Se sentir bem agora mesmo?

Porque é nisso que tudo se resume: se sentir bem é um direito que você tem de nascença. E se sentir bem agora é a chave de tudo. Se sentir bem agora muda todos os seus amanhãs.

Se sentir bem é ***O SEGREDO***.

E o maior dos segredos é simplesmente se sentir bem!

O MAPA SECRETO DA MINA

Muitas pessoas entram para jogos de RPG, como o World of Warcraft. Tem toda uma imersão no mundo virtual, aventuras e emoções eletrizantes de situações de vida ou de morte. A maior vantagem disso é que, quando as coisas ficam feias, você só precisa clicar em "pausa".

Não seria bom poder fazer isso na vida real? Sobretudo quando as coisas não vão indo bem, quando você está preocupado ou simplesmente não está se sentindo legal.

Bom, para falar a verdade, exatamente como nos jogos de RPG, você pode, *sim*, clicar em "pausa" para dar um tempo na vida real e poder se concentrar na mudança de sentimentos.

E, para poder mudar seus sentimentos, é genial ter, escondido na manga, um ou dois ***MUDADORES SECRETOS***. Ou seja, um *mudador de astral*, algo que faça você se sentir instantaneamente feliz. Algo de que se lembre a qualquer hora para se sentir ótimo e se reenergizar, e voltar a ficar em forma para reentrar no jogo da vida.

Talvez seja uma lembrança incrível, uma recordação de um momento engraçado. Ou momentos bons com seus melhores amigos, umas férias maravilhosas ou uma música conhecida, talvez até uma foto do seu amor atual. Quais são as suas melhores e mais preciosas lembranças? Pode ser uma mistura de todas essas coisas, como numa montagem de memórias.

Então, pense na sua montagem. Escreva uma lista de coisas que fazem você sorrir todas as vezes em que pensa nelas. E todas as vezes que se sentir preocupado ou deprimido, zangado ou infeliz, olhe para a sua lista, rememore a sua montagem, e *SINTA-SE BEM*. Essa é a chave para a vida boa. O poder do ***SEGREDO***... simplificado para você.

COMO USAR O SEGREDO

UM GUIA PARA NOVATOS

Para certas pessoas, a ideia de ser um "Criador" pode parecer meio exagerada. Como se isso fosse um nome de profissão reservado a Leonardo da Vinci. Ou a Machado de Assis. Ou a George Lucas. Mas a verdade é que *você* é um Criador, e está criando a sua vida por meio da lei da atração.

E não é coincidência que, assim como você, muitos artistas criativos e grandes contadores de histórias tenham gravado ***O SEGREDO*** em quadros e peças de teatro, poemas e romances, desde os princípios da civilização.

Pense nos contos de fadas, fábulas, mitos e lendas da sua infância. A lei da atração está sempre presente. Pense bem: o herói tem um sonho, algo que ele deseja bem lá no fundo do coração. E, quando ele sonha por bastante tempo, e deseja com bastante intensidade, e prova ser merecedor o bastante, uma força mística faz com que o sonho se torne realidade.

ERA UMA VEZ...

Em contos de fadas tradicionais, a lei da atração é a estrela mais brilhante, os feijões mágicos ou a fada madrinha. No cinema, é A Força, O Anel para governar a todos.

Ou o Gênio que surge da lâmpada para realizar todos os desejos de Aladim.

O Gênio, A Força, O Anel, e ***O SEGREDO***... são todos uma mesma coisa. É como se você tivesse o seu próprio gênio pessoal, sua própria Força, sua própria fada madrinha ou feijões mágicos ou estrela brilhante, só que o nome verdadeiro disso é lei da atração. Mas, diferentemente dessas histórias fantasiosas, a lei da atração é *pra valer*; é uma força universal, que existe para você usar. Ela não julga nem testa você, nem faz você provar que é merecedor; ela simplesmente ouve cada um dos seus pensamentos, cada desejo, cada vontade. E ela faz com que tudo se torne realidade.

HERÓIS

Walt Disney

Se você estava querendo descobrir quem é o maior sonhador na história de Hollywood ou, quem sabe, do mundo, você pode estar quase certo de que se trata de Walt Disney. O homem que criou o camundongo falante, para não falar no Reino Encantado e numa lista enorme de filmes de contos de fadas, também viveu sua vida sonhando acordado e se recusando a encarar a realidade. Disney era famoso por se agarrar aos seus sonhos, apesar da oposição que estivesse enfrentando: falência, plágio de suas ideias, críticas e deboche de todos os ditos especialistas de Hollywood e de Wall Street. Disney provou que eles estavam todos errados.

Com meros 21 anos de idade, ele e seu irmão Roy juntaram suas economias e conseguiram dinheiro suficiente para construir um estúdio e contratar um grupo de desenhistas excelentes. Então, ele criou uma série de sucesso chamada Oswaldo, o Coelho Sortudo. *Mas seu distribuidor roubou a equipe inteira e, ainda por cima, se apropriou do personagem de* Oswaldo. *Mas Disney não deixou que isso o destruísse. Ele continuou com seus sonhos grandiosos, acreditando em milagres, permitindo que a magia acontecesse. Foi aí que ele criou um certo camundongo falante.*

E o resto faz parte da história do cinema. E que história! Disney foi o primeiro a usar som sincronizado em seus desenhos animados, o primeiro a usar cor, o primeiro a fazer um filme de animação e o primeiro a construir um parque de diversões temático. Disney foi, sem sombra de dúvida, um grande sonhador, e todos os seus sonhos se tornaram realidade.

"Se você pode sonhar, você pode realizar. Não se esqueça de que tudo começou com um sonho e um camundongo."

Walt Disney — cineasta e empresário

Se você tiver grandes sonhos, como o de Disney, ou mesmo aspirações modestas, vai ficar feliz em saber mais sobre esse Processo Criativo de dois mil anos de idade que ajuda as pessoas a ativar o seu próprio gênio interior. Mas, diferentemente do gênio da lâmpada, esse Processo Criativo não limita você a apenas três desejos. Na verdade, você pode ter quantos desejos quiser.

O PROCESSO CRIATIVO

Você já deve ter ouvido a frase: "Pede e receberás." Ora, seja você cristão, muçulmano, hindu ou judeu, ou quer você dance no ritmo ou não, a lição permanece a mesma: tudo o que você deseja, tudo o que busca, tudo o que pede, pode ser alcançado por meio de um Processo Criativo simples, que tem três etapas.

PEÇA... ACREDITE... RECEBA

Quando você ***PEDE*** pelo que quer, você está essencialmente fazendo uma encomenda, como na Amazon.com. Mas tem que ter suas ideias claras quanto ao que quer. Para isso faça uma lista. Pegue um bloco e anote rapidamente o que quer ser, fazer ou ter. Pode ser uma saúde perfeita, grandes relacionamentos, uma carreira incrível, viagens ou a paz e a boa vontade entre os homens. O que você está esperando que aconteça. Mas tenha as ideias claras, porque uma mente confusa cria uma encomenda confusa. E uma encomenda confusa pode fazer com que a Amazon.com envie por engano uma foto do cantor Timbaland em vez de uma foto do Timberlake.

Depois de fazer sua encomenda, é importante ***ACREDITAR*** que ela vai chegar até você. Porque a energia da crença é um par perfeito para o seu desejo, que permite que semelhante atraia semelhante.

Como acreditar? É fácil. É só agir como se você já tivesse obtido o que você quer ter. Dizem que uma crença é apenas um pensamento repetido muitas vezes. Então, finja que os seus desejos já se realizaram. Por exemplo:

- Tem um carro totalmente demais na minha garagem.
- Tenho um encontro com aquela pessoa interessante nessa noite de sábado.
- Mandei uma música que compus para um grande produtor de discos... e ele adorou.

Quanto mais você fizer isso, mais você vai acreditar, de fato, que já recebeu o que deseja. E essa é a chave para atrair o que se deseja.

O passo final do processo criativo é ***RECEBER***. Então, relaxe, recoste-se na poltrona e sinta-se ótimo. Sinta-se como você imagina se sentir quando, finalmente, conseguir o que tanto tem esperado.

E, quando conseguir lidar com o sentimento de euforia, vai estar em perfeita sincronia com o seu desejo. E, nesse estado de espírito, vai estar preparado e pronto para entrar em *AÇÃO*. Isso significa simplesmente dar os passos necessários para *RECEBER* o seu desejo. Atenda ao telefone, atenda à campainha da porta, assine a lista de entrega do carteiro. Faça o que for preciso para garantir o recebimento do que você quer. Em outras palavras, crie as condições e um espaço na sua vida que formem a situação perfeita para *RECEBER* o seu desejo, assim que ele bater à sua porta.

Explicando isso tudo: você *PEDE* e *ACREDITA* por meio dos seus pensamentos. Mas *RECEBE* por meio de suas ações.

Ainda assim, muitas pessoas ficam confusas com o papel da *AÇÃO* no processo criativo. Elas acham o seguinte: "Mas é claro que eu tenho que *fazer* alguma coisa para forçar a realização do meu desejo." Só que na maior parte das vezes, você não tem a menor ideia do *que* fazer. Por isso, acaba correndo mentalmente de um lado para o outro, como um touro no meio da arena, sem uma direção certa nem uma ideia concreta. É tudo muito difícil e não se chega rápido a lugar nenhum. Você precisa se acalmar e se preparar para a inspiração.

"Sonho com minha pintura, e, então, pinto o meu sonho."
Vincent van Gogh — artista

Quando a oportunidade surge e você tem aquele impulso para agir, esse é o momento em que está entrando em ação, de fato — uma ação instintiva, uma ação ***inspirada***.

Algumas pessoas lutam para conseguir distinguir entre ação inspirada e simplesmente "fazer alguma coisa". A diferença é que, quando você está simplesmente fazendo alguma coisa, fica cansado, como num trabalho árduo e exaustivo — como nadar contra a maré. É um esforço colossal.

Por outro lado, a ação inspirada é moleza. Não se parece em nada com trabalho. É intuitiva e instintiva, como deslizar na crista de uma onda perfeita até a areia. Essa é a sensação da inspiração; ela não requer esforço e é fácil, parece mágica.

Por isso, confie nos seus instintos. Sempre que você tiver um sentimento intuitivo ou instintivo, siga-o, porque é o Universo quem está inspirando você, é o Universo quem está levando você a receber exatamente o que pediu.

Muito bem, então esse é o processo criativo: Peça, Acredite, Receba. Parece bastante fácil, mas, para algumas pessoas, a parte complicada é acreditar que é você quem faz tudo acontecer para si mesmo. Por isso, pratique também com coisas menores. Experimente algo que você tem quase certeza de poder atrair. Como uma determinada música tocando no rádio, ou um telefonema do seu melhor amigo. Experimente. E, quando acreditar que a coisa está prestes a acontecer, ela vai acontecer.

Embora coisas menores sejam um bom começo, a verdade é que o tamanho não tem a menor importância para o Universo. Independentemente da coisa desejada — grande, pequena, cara ou difícil —, se você acreditar sinceramente, verdadeiramente, incisivamente que algo vai acontecer, o Universo faz a entrega na hora certa, sempre.

HISTÓRIAS REAIS

O Segredo de Michael

Quando o meu avô ainda era vivo — ele era praticamente um pai para mim —, ele sempre me dizia que eu poderia ser e conseguir qualquer coisa que quisesse na vida, e a ficha só caiu quando eu tinha 16 anos de idade. Eu vivia dizendo para ele: "Pai, eu acho que não vou conseguir sair da reserva no time de rúgbi. Pai, estou com medo de não passar no fim do ano." E eu vivia dizendo para ele que eu não podia, não podia, não podia, até que um dia ele falou para mim: "Impossível é só uma palavra pequena espalhada aos quatro cantos por homens grandes que acham que é mais fácil viver no mundo sem questioná-lo do que explorar as possibilidades que eles têm para mudá-lo!!!" Quando ele me disse isso, fiquei chocado e impressionado. Eu não sabia o que dizer. Eu queria dizer alguma coisa, mas não conseguia encontrar palavras para me expressar. Só o abracei e falei: "Obrigado, pai."

O resto da noite, fiquei deitado na cama pensando sobre o que ele tinha me dito. Na manhã seguinte, acordei com um sorriso estampado no rosto e um novo olhar sobre o mundo. Eu estava livre — nada de dúvidas, nada de perguntas, só sim, sim, sim, eu posso, eu posso, eu posso.

Desde então, foi tudo a maior moleza — entrei para a equipe principal do time de rúgbi, hóquei, ginástica olímpica e tênis; meus professores e amigos na escola, todos, passaram a gostar e confiar em mim. Me tornei ótimo aluno e, para culminar, fui eleito presidente do grêmio estudantil da escola. Na festa de encerramento do ano letivo, fui condecorado desportista do ano, dois anos seguidos, e vou repetir a dose esse ano, pela terceira vez. Depois de conhecer O Segredo, estou mais determinado a ser o melhor que puder ser, e melhor que isso!!!

Michael, 17 anos

Durban, África do Sul

"Suba o primeiro degrau com fé. Você não precisa ver a escada toda. Suba apenas o primeiro degrau."

Dr. Martin Luther King Jr.
— líder espiritual, ativista dos direitos civis

O MAPA SECRETO DA MINA

Muito bem, você está calmo e pronto para que pinte uma inspiração, esperando que a intuição ou o instinto deem o ar de sua graça. Enquanto isso, você está se perguntando como usar ***O SEGREDO*** para lidar com o dia de amanhã. Essa é a hora perfeita para dar o pulo do gato, programar o dia com antecedência, fazendo as forças do Universo abrirem os caminhos. Quer você esteja na escola ou no trabalho, na rua ou em casa, leve em consideração tudo o que está prestes a acontecer — um jogo, as aulas, um encontro com amigos ou talvez até uma prova importante. Pense no que está por vir, e aplique os três passos do Processo Criativo.

Por exemplo, você está planejando fazer uma coisa muito estressante, uma grande oportunidade que é meio assustadora ao mesmo tempo. Tipo fazer um teste para entrar na peça de fim de ano. Se você usar o Processo Criativo, a coisa vai ficar mais ou menos assim:

PEÇA

A primeira vez que você ouviu falar no teste para a peça de teatro da escola, quis entrar no elenco. Ou, talvez, até antes disso, quando resolveu que queria ser ator; foi aí que você ***PEDIU*** por isso. Então, você pode parar de se preocupar com o teste, porque ele só está acontecendo por sua causa, porque você ***PEDIU*** para que ele acontecesse. E isso permite que você passe para a próxima etapa.

ACREDITE

Veja-se no palco, imagine a sensação. Como vai ser ótimo estar usando aquela roupa. Imagine-se decorando a sua fala. E ensaiando. Visualize-se representando para uma sala lotada. Claro que vai ser fácil para você, como se tivesse nascido para isso. Como são os outros atores? Sem dúvida, são talentosos e amigáveis, solidários e muito legais. Visualize os aplausos de pé que você recebe por cada representação. Não seria a coisa mais divertida da sua vida?

RECEBA

Sinta-se superbem, e a lei da atração cuida do resto. E a melhor maneira de se sentir superbem pode ser imaginar como você vai se sentir quando receber a notícia — conseguiu o papel e é parte do elenco. O que vai fazer? Dar um grito de alegria e triunfo? Então, faça isso agora. Ou talvez dar um abraço no primeiro amigo que encontrar? Então, faça isso. Ou será que você sairia correndo pela rua e abraçaria o primeiro desconhecido que aparecesse? Bom, se é isso que tem vontade de fazer, faça.

AÇÃO

A única ação que você tem que realizar nessa etapa é uma ação inspirada. Evite só "fazer coisas" que acha que possam ajudar. Ou seja, não raspe a cabeça ou pinte os cabelos de cor-de-rosa a fim de entrar melhor no personagem antes de conseguir o papel. Mas certifique-se de que o seu telefone está no gancho para que o diretor ou professor de teatro possa entrar em contato para dizer que você foi escolhido. E você pode verificar a sua agenda para ter certeza de que está disponível nos dias dos ensaios e apresentações durante toda a temporada. É assim que você pode criar as condições e o espaço para que o seu sonho de trabalhar no teatro se torne uma realidade.

Então, o que quer que tenha planejado, você pode e deve imaginar o seu dia da maneira como quer que ele seja e como quer vivê-lo. Apenas Peça, Acredite e adote ações inspiradas para Receber o seu dia perfeito.

É isso que a atriz e produtora Drew Barrymore faz todas as manhãs: ela planeja o dia inteiro mentalmente, até o detalhe mais insignificante, seja ficando de bobeira, de pijama, em casa ou decorando as falas do último filme. Ela acredita que essa é a melhor maneira, na verdade a única maneira, de começar cada dia.

"Se você está vivo neste planeta, você tem que sugar todo o tutano de cada dia, e aproveitar ao máximo."
Drew Barrymore — atriz

RE-VISÃO NOTA DEZ

Também tem uma coisa que você pode fazer no final de cada dia. Relembre alguma coisa que, ao longo do dia, não tenha acontecido como você desejava. Pense em como a sua vibração ou os seus pensamentos nessa hora afetaram o resultado obtido.

Por exemplo, você pediu aos seus pais para voltar para casa tarde no sábado à noite, mas, como estava esperando que eles recusassem, você se preparou para uma briga. E foi exatamente isso que obteve. Gritos, portas batendo, castigo, aquela coisa toda.

Agora pense em como esses momentos afetam você e deixam você zangado, pessimista e desanimado. Mas, antes de ficar deprê, pense que pode mudar o enredo na memória e reorganizar isso dentro da sua cabeça. Revise, fantasie, improvise, invente um novo enredo, mudando a memória, com o final que preferir. Dê a si mesmo um fim hollywoodiano, tipo "e foram felizes para sempre".

No caso de ficar na rua até tarde no sábado à noite, imagine que você entrou na discussão de forma otimista, com argumentos calmos e convincentes, prometendo que vai ligar para os seus pais várias vezes, e que vai estar com amigos responsáveis, que eles conhecem e em quem confiam. Imagine seus pais reagindo sensatamente, você aceita a hora limite que eles negociam, e todos ficam felizes.

Isso não faz você se sentir melhor? Ora, sempre que se lembrar dessa situação, vai pensar no final novo, melhorado e feliz, em vez da briga. E esse "corte do diretor", que muda o final da história, reforça um astral melhor e pensamentos mais felizes. Isso, claro, atrai coisas melhores no futuro.

Você pode usar esse truque da revisão sempre que se sentir frustrado, tiver passado por um dia ruim, ou estiver revoltado com essas situações. De noite, antes de dormir, repense nos acontecimentos do dia. Mude as coisas de forma que elas convenham ao seu desejo, eleve a sua vibração, e durma satisfeito. É assim que se usa ***O SEGREDO***!

HISTÓRIAS REAIS

O Segredo de Michael

No meu primeiro ano nessa escola muito exigente, tive grandes dificuldades nos estudos. Tirei notas baixas e recebi um comentário ruim no boletim sobre o meu comportamento. Tive um medo terrível de que me pedissem para sair da escola por meu mau desempenho. Foi nessa época que descobri o DVD de The Secret — O Segredo, e ele mudou a minha vida. Peguei o meu boletim medíocre e fiz uma imitação usando o programa do Excel, no computador. Transformei todas as notas em 10, e fiz comentários positivos sobre o meu comportamento.

Poucos meses depois, eu estava na lista de honra da turma — eu tinha notas melhores do que no ensino fundamental. Era para ser assim! Agora, dois anos depois, estou no meio do último ano do ensino médio. No último boletim, recebi seis notas 10 e duas 9, e um monte de elogios ao meu comportamento. Todos os meus professores estão sendo gentis e atenciosos, eu já não tenho dificuldade para estudar, e nunca me senti tão bem na vida. MUITO OBRIGADO!

Michael, 15 anos

Nova Jersey, EUA

EXERCÍCIOS
PODEROSOS
ENREDOS DO
PODER SECRETO

Para algumas pessoas, alcançar a vida de seus sonhos pode levar uma existência. Mas não precisa ser assim. Se você concorda com isso, vai estar procurando uma maneira de acelerar um pouco as coisas. Eis umas ferramentas poderosas para ajudar a sua trajetória.

GRATIDÃO

Tudo bem, você quer muitas coisas na vida, mas quando foi a última vez que disse "obrigado"? Não só um agradecimento formal para o garçom que serve o suco na lanchonete, mas um *obrigado* sincero, do fundo do coração? Provavelmente, nem se lembra, não é? E isso é problemático. Porque isso quer dizer que você não se sente agradecido, não realmente. Nem aos seus pais, professores, colegas de escola ou trabalho, ou mesmo seus melhores amigos.

Dizer por favor e obrigado é careta, não é? É como se gratidão exigisse muito esforço. Nós reclamamos do que *não* temos, e, por extensão, não somos gratos pelo que temos, *de fato*. Partimos do princípio de que isso nos é devido.

E partir desse princípio é um equívoco. É impossível trazer coisas novas à sua vida se você não sentir gratidão pelo que *tem*. Por quê? Porque os pensamentos e sentimentos que transmite quando é ingrato são todos vibrações negativas. Seja ciúme, ressentimento, frustração, raiva ou outra coisa do gênero, esses sentimentos não trazem para você o que quer. Esses sentimentos, pensamentos e atitudes só o deixam mais deprimido e triste, e, claro, assim você só atrai mais situações que deprimem e entristecem.

OS JEANS AGRADECIDOS

É como naquele filme, *Quatro amigas e um jeans viajante*. Quatro grandes amigas estão todas concentradas em coisas que elas não têm: pai ausente, mãe ausente, romance ausente, autoestima ausente. Uma das meninas, Tibby, uma cínica típica, perdeu todas as esperanças e aspirações. Então, é claro que ela atrai uma barra bem pesada — uma garota com uma doença terminal, que só deseja que sua vida tenha alguma importância. Com o seu último suspiro, a garota ensina a Tibby e suas amigas que elas têm muito por que se sentirem gratas — elas têm umas às outras. E isso já é um grande começo.

HISTÓRIAS REAIS

O Segredo de Elizabeth

Não sei explicar direito. Eu queria entender o que Rhonda e as outras grandes mentes em O Segredo queriam dizer com ser grato por tudo o que você tem e por tudo o que deseja. Eu achava que não conseguiria. Eu queria muito tentar entender, e expressar meu próprio destino. Eu não entendia que você não recebe alguma coisa até se sentir grato pelo que já tem e pelo que vai receber.

A minha compreensão da gratidão começou quando eu acordei com o despertador e fiquei meio frustrada por ter que levantar tão cedo. Imediatamente, mudei o meu astral para alegria, e saí da cama. Eu estava andando no jardim e comecei a sentir o vento batendo no meu rosto, a grama debaixo dos pés, e comecei a agradecer.

Senti uma emoção dentro de mim, emoção de completude, de ser inteira. Comecei a me sentir verdadeiramente grata por tudo o que me rodeia: minha família, minhas coisas, meus bichos, minhas roupas, pelo universo trazer de volta para a minha vida o cara que eu queria namorar (nós finalmente conversamos, depois de perdermos contato durante seis meses! Para mim, isso foi um milagre) e por tudo. Eu não tive que parar o que estava fazendo para agradecer ao Universo pelo que eu tenho ou pelo que eu quero... não. Em vez disso, eu só senti essa gratidão, essa felicidade, esse amor emanando de mim. Foi uma coisa mágica, quase como se não fosse possível sentir tanta gratidão. Senti vontade de chorar. Agradeci ao Universo pelo que quero (como se aquilo já fosse meu), pelo que tenho, pelo que me cerca.

Eu costumava ficar zangada com muita facilidade, mas desde que descobri O Segredo, ainda mais agora que sou grata por tudo, poucas coisas conseguem me irritar, e, quando isso acontece, me controlo e lembro que somente na frequência do amor, da felicidade e da gratidão eu posso receber o que desejo.

Eu gostaria que todas as outras pessoas se sentissem inspiradas a serem gratas pelo que têm e pelo que receberam, porque agora, finalmente, eu entendo que quando somos gratos pelo que nos cerca, nós sentimos paz e amor, o que só pode nos trazer o que queremos.

Elizabeth, 19 anos

Califórnia, EUA

A GRATIDÃO TRAZ COISAS BOAS

Se você quer ser feliz e atrair a vida dos seus sonhos, tem que se sentir agradecido. Mesmo. Ser grato muda toda a sua energia e altera de forma positiva a sua maneira de pensar. E lembre que você só consegue atrair coisas boas para a sua vida quando os seus pensamentos são positivos.

Digamos que você esteja querendo um meio de locomoção. Nesse caso, não desrespeite o que você possui agora. Mesmo que ele seja apenas uma bicicleta de dez marchas, ou um skate. Seja agradecido por tudo o que ele lhe oferece: liberdade, independência e, provavelmente, um monte de recordações. E, nesse estado de gratidão, nessa vibração positiva, estará atraindo, sem o menor esforço, um carro top de linha.

O mesmo acontece com relação às suas roupas. Sinta-se grato pelas roupas que está usando hoje, mesmo que sejam do verão passado. Simplesmente aprecie o que você tem. A gratidão se aplica a tudo o que tem, não importa quão velho ou gasto. E quando se sente agradecido pelo que tem, não há dúvida de que estará atraindo as grifes e marcas mais incríveis, pelos meios mais imprevisíveis.

E se você ainda acha que é careta dizer "obrigado", então vai ter que lidar com o fato de que a sua falta de gratidão está minando os seus sonhos. Somente quando você for absolutamente agradecido por tudo o que tem e tudo o que espera ter, poderá, realmente, sincronizar a sua vibração com os seus sonhos e criar uma atração perfeita.

O MAPA SECRETO DA MINA

Para dar um empurrãozinho aos seus sonhos, veja só o que você pode fazer: escreva uma lista de coisas pelas quais se sente agradecido. Escreva pelo menos dez itens pelos quais você é grato, todos os dias. Pense nessa lista como os seus "dez mais" pessoais... tudo o que você possui e que olha e diz: "É, isso é demais!"

Aqui vão algumas ideias para você começar:

- Roupas
- Música
- Filmes
- Jogos eletrônicos
- Livros
- Telefone celular / MP3
- Comida

Tudo o que vier à sua mente, anote. E não precisam ser somente objetos materiais. Também podem ser pessoas:

- Amigos
- Família
- Pais
- Mentor
- Professor preferido
- Namorado/namorada
- Melhor amigo/amiga
- Novos relacionamentos

Ou coisas que você adora fazer:

- Compras
- Viagens
- Festas
- Encontrar os amigos

E a sua saúde? Isso, definitivamente, é uma coisa pela qual você tem que agradecer.

O que quer que faça você se sentir agradecido, anote. E lembre-se: é a sua lista dos "dez mais". Não se distraia com o que está "de menos". Não há necessidade de ser grato por *não* estar chovendo hoje, ou por você *não* estar doente, ou *não* estar sozinho. Aprecie e agradeça pelo tempo excelente, pela sua saúde formidável e por todos os seus melhores e maiores amigos. Porque *isso* é legal.

LISTA DE DESEJOS

Você também pode fazer com que isso seja um desejo veemente e intencional. O que significa que você pode usar uma gratidão futura para criar uma atração para algo que quer, como numa ***LISTA DE DESEJOS***. Digamos que você tem estado de olho num skate novo. Você diria: "Agradeço do fundo do coração por ter o skate novo perfeito." Certifique-se de usar o verbo no presente, não use o futuro, ou tudo ficará no futuro. Não diga coisas do tipo: "Sou supergrato pelas roupas/moto/entrada do show que vou receber", porque isso coloca as roupas, a moto ou as entradas do show numa eterna curva futura do tempo. E você sabe como isso pode ser frustrante.

Sinta a gratidão da sua ***LISTA DE DESEJOS*** como se você já tivesse recebido os itens. Mesmo sem os ter recebido, e sem saber quando vai colocar a mão neles. Não se importe com isso. Agradeça, simplesmente, por ter tudo agora.

Então, além dos seus itens *legais*, anote sete dessas novas aspirações futuras.

Faça esse lance da gratidão todos os dias. Talvez, estabeleça uma hora precisa — primeira coisa pela manhã ou tarde da noite. Quando estiver anotando todas essas coisas, diga "obrigado/obrigada". E sinta a emoção bem no fundo do coração, não a contenha.

E não deixe sua gratidão apenas sobre uma folha de papel — lembre-se de partilhá-la com os outros. Porque esse é um outro grande ***SEGREDO***: quando você sente gratidão, e quando demonstra o seu apreço pelos outros, eles se sentem compelidos a fazerem mais por você. É a lei da atração novamente em ação, agindo por meio deles para trazer a você mais do que quer. E tudo isso porque você se deu o trabalho de dizer obrigado.

VISUALIZAÇÃO

Usar ***O SEGREDO*** para criar sua vida é bem parecido com fazer um filme sobre sua vida. ***VOCÊ*** se torna o diretor e ***VOCÊ*** escreve o roteiro. Porém, mais importante ainda, ***VOCÊ*** é a estrela. É o *seu* filme, então, o que quer que faça, não vire um mero adereço de cenário. Não seja um figurante na sua própria vida.

Você pode atuar no papel que quiser: super-herói, heroína romântica, aventureiro, ou *it girl* (a garota do momento).

VOCÊ escreve o roteiro, ***VOCÊ*** monta a cena.

E, da trama ao elenco de apoio, passando pelas locações de filmagem, a produção de arte, a ação e, claro, a importantíssima escolha do guarda-roupa, em cada instância, o primeiro e mais importante passo a ser dado é a ***VISUALIZAÇÃO***. Em outras palavras, imagine exatamente o que você quer.

Imagine a sua vida encenada em alta definição. O que quer que você queira, imagine-o em... quadros. Veja-se fazendo as coisas em... quadros.

Exatamente como nos filmes, esses quadros evocam uns sentimentos bem impressionantes, que, então, criam uma vibração dentro de você, que resulta numa atração magnética superpoderosa. Você transmite o quadro com seus pensamentos e o Universo recebe essa transmissão e reflete a imagem de volta para você com clareza total, numa tela LCD de 50 polegadas. Só que essa experiência de *home theater* é, na verdade, a sua vida acontecendo ao seu redor, em três dimensões. Para tornar a experiência ainda mais real, você deveria acrescentar os seus outros sentidos ao processo. Inclua a audição, o olfato, o tato e o paladar, e estará criando uma experiência multissensorial, o que torna a visualização ainda mais real do que a realidade.

VER É CRER

A razão pela qual a visualização funciona tão incrivelmente bem é a seguinte: a sua mente funciona naturalmente com quadros, e os quadros que você tem dentro de si são muito importantes. É por isso que eles são chamados de "autoimagem", porque as imagens e os quadros que existem dentro de você são uma força importante e criadora. E quando você cria, deliberadamente, imagens na sua mente, transmite uma energia poderosa, focada em ser, tornar-se e ter aquela experiência, mesmo. É como se tudo acontecesse *agora*. E quanto mais vívidas forem as imagens, quanto mais convincente for a maneira de imaginar, mais real tudo parecerá. E com essa vibração que você estará emitindo, a lei da atração não terá como distinguir entre imaginação e realidade. Você engana o Universo! Exatamente como nos filmes.

LUZ, CÂMERA... AÇÃO!

Pense no último filme de ação que você viu. Talvez tenha rolado uma cena de perseguição incrível, ou um final arrepiante. Aposto como o seu coração ficou batendo rápido, talvez você tenha até ficado um pouco assustado, nervoso ou agitado. Seus corpo e mente agiram como se a experiência fosse real, como se aquilo estivesse acontecendo com você. E é isso que acontece quando você visualiza: você *PEDE* pela experiência, sua mente *ACREDITA* que ela é real, e irradia aquele pensamento para o Universo — o que cria a atração para que você *RECEBA* aquilo na sua vida.

Essa técnica é usada por muitos dos grandes treinadores esportivos e psicólogos especialistas ao encorajarem os atletas a visualizarem a corrida, partida ou competição muito antes que ela aconteça. Cada lance, cada passo, cada salto, cada esforço muscular é imaginado vividamente. A ideia é que quando você vê a coisa na sua mente, o seu corpo vai acompanhar o fluxo. E, quando chegar o grande dia, mente e corpo estão tão bem treinados a agir em uníssono que isso se torna uma segunda natureza... e uma atuação impecável é praticamente garantida.

HERÓIS

Natalie Cook e Kerri Pottharst

A fim de ajudar a visualizar a conquista do ouro olímpico, a dupla australiana de vôlei de praia, Natalie Cook e Kerri Pottharst, adotou uma abordagem muito literal: elas se cercaram de coisas douradas. Elas usaram roupas douradas, óculos escuros dourados, compraram telefones celulares dourados e escovas de dentes douradas, e viraram consumidoras daqueles chocolatinhos embrulhados em papel dourado, em forma de medalha. Elas também colocaram a letra do hino nacional australiano em todos os cantos de suas casas e ensaiaram sempre que havia uma oportunidade, porque o hino sempre toca quando você recebe uma medalha de ouro.

Cook e Pottharst abriram caminho até a final e apesar de terem jogado contra oponentes mais talentosos seu sonho com o ouro fez com que elas chegassem lá. E, quando as medalhas foram penduradas em volta de seus pescoços, elas berraram orgulhosamente o hino nacional, exatamente como tinham imaginado fazer.

Para Natalie Cook e Kerri Pottharst, a maneira melhor e mais eficaz de visualizar o desfecho desejado foi cercar-se, literalmente, do reflexo dourado da vitória. Ora, quer você escolha imaginar o resultado final, quer a visualização de cada passo ao longo do caminho, em ambos os casos a visualização é uma ferramenta formidável para ajudá-lo a lutar pelo seu ouro.

Claro, você pode não ser uma estrela olímpica (pode até nem ser do tipo esportivo), mas, ainda assim, é totalmente válido que visualize os seus sonhos e desejos o mais vividamente possível. Você tem que ser estimulado pela visualização; tem que vê-la e senti-la poderosamente, e tem que ter um elo emocional.

"Tudo o que você pode imaginar é real."
Pablo Picasso — artista

VISUALIZE-SE

Digamos que você esteja de olho numa roupa nova. Vá em frente e visualize essa roupa. Como ela é? Pense nisso alguns instantes...

Aposto que você pensou na sua roupa nova pendurada no cabideiro da loja, ou no manequim da vitrine, ou até numa fotografia de revista de moda. Mas, diga-me, você ficou animado? Ficou encantado? Ficou ligado emocionalmente? Provavelmente não. Porque, sejamos francos, é difícil sentir-se assim com roupas em cabides e em manequins.

Você tem que se envolver com a experiência: coloque-se dentro do quadro. Precisa se imaginar ativo e em movimento. Não adianta somente visualizar uma imagem de catálogo, congelada e imóvel; você nunca vai se concentrar numa foto estática por muito tempo. Você precisa de um vídeo de ação — um filme com você mesmo, visto pela sua mente. Então, visualize-se em ação, experimentando de fato essa roupa nova. Imagine como você ficou ótimo com ela. Repare como a cor combina com os seus olhos. Como os seus movimentos estão livres dentro dela. Como é a sensação — as texturas e o tecido. E como vai conseguir colocar acessórios que combinam. Claro, caiu superbem.

E onde vai usar a sua roupa nova? Numa festa? Num encontro? Talvez numa boate? Visualize isso. Imagine que você é acompanhado pelo segurança até a porta de entrada. Todos os olhos recaem sobre você e a sua maneiríssima roupa nova, enquanto é gentilmente recebido na sala vip. Você encontra muita gente nova e interessante. Dança a noite toda nos braços da pessoa mais bonita. Se diverte loucamente. E, enquanto volta para casa, em plena madrugada, pensa consigo mesmo: "Essa é a noite mais perfeita de todas, essa é a roupa mais perfeita de todas."

O MAPA SECRETO DA MINA

A essa altura, você já deve estar sabendo quão poderosas são as imagens no processo de realização dos seus sonhos. E, nesse processo de criar o dito filme da sua vida, você pode tirar a inspiração de alguns criadores de sonhos reais — os cineastas de Hollywood.

Quando planejam seus sucessos comerciais, os diretores costumam trabalhar com um produtor de arte muito antes de começarem as filmagens, a fim de criar ilustrações extremamente detalhadas e quadros com sequências de cenas que demonstrem a intenção desejada.

Você pode fazer algo muito semelhante e compor um Painel de Visualização, uma colagem de figuras que representem todos os seus sonhos e aspirações. O seu Painel o ajudará a se concentrar nos seus desejos, a visualizá-los mentalmente e, ao mesmo tempo, a criar uma vibração positiva. Seu Painel de Visualização funciona como um lembrete constante que fornece imagens evocadoras de seus sonhos e aproxima seus pensamentos de seus sentimentos, criando uma força poderosa, que atrai os seus maiores desejos.

A fim de criar seu Painel de Visualização, você vai precisar de uma tesoura e aí é só folhear as suas revistas e catálogos prediletos em busca de imagens que evoquem os seus sonhos.

Aqui tem algumas sugestões de imagens que podem constar no seu Painel:

- A faculdade que você está louco para fazer
- Um emprego incrível que tem um salário estratosférico
- Ingressos para o show da banda mais legal do ano, na fila do gargarejo
- Um encontro com o seu ídolo

- Um novo amor
- Um corpo sarado
- Uma roupa criada por um estilista da moda
- Um carro zero (ou, quem sabe, um clássico restaurado)
- O último brinquedo digital
- Uma viagem ao redor do mundo

Quando você tiver elaborado direitinho uma seleção de imagens, vai precisar de um quadro onde possa pregar os recortes com tachinhas ou ímãs. Arrume as imagens no painel de acordo com as suas próprias impressões criativas — não tem uma maneira certa ou errada. Essa é a sua oportunidade de ser criativo. Ninguém mais vai ver, só você, então, não se preocupe em fazer direito. Seja inspirado, inventivo e artístico; use sua imaginação, assim como outro talento qualquer que você consiga trazer à tona.

HISTÓRIAS REAIS

O Segredo de Tien

Eu queria criar vários Painéis de Visualização, mas eu estava tendo dificuldades para fazer os recortes nas revistas, porque não conseguia encontrar imagens exatas do que eu queria. Tinha sempre alguma coisa faltando. As imagens nunca davam a impressão certa, nem o aspecto certo. Então, fiquei pensando e acabei tendo uma ideia melhor ainda.

Entrei na internet e encontrei fotos de todas as coisas que eu queria que se manifestassem na minha vida, e, usando o Photoshop para editar e transformar as imagens, coloquei as coisas exatamente onde eu queria que ficassem. Criei um total de 18 Painéis diferentes! E tem mais: usei minha câmera digital para tirar fotos de mim mesma "fazendo", "tendo" e "sendo" todas aquelas coisas nas imagens, recortei minha foto e colei nos Painéis. O resultado final foi que eles ficaram INCRÍVEIS e exatamente com tudo o que eu queria que se manifestasse.

Além disso, um dos Painéis de Visualização me mostrava fazendo escalada — que eu vinha querendo fazer havia muito tempo, mas nunca tinha rolado a oportunidade. Um dia depois de completar esse Painel, meu namorado me ligou e perguntou se eu queria fazer escalada com ele e seu melhor amigo, porque ele só tinha escalado uma vez na vida e queria experimentar aquilo de novo! E ele ainda nem sabia que eu feito o Painel de Visualização! Nós fomos, e foi incrível. Vou escalar de novo nesse fim de semana.

Boas manifestações para todos!

Tien, 19 anos
Califórnia, EUA

Bem, se, como a Tien, você tiver familiaridade com o Photoshop, pense em criar todo o seu Painel de Visualização de maneira digital. Faça bom uso das buscas de imagens do Google, assim como da sua câmera digital. E não se esqueça de se colocar na imagem. Aí, você pode colocar o Painel como papel de parede da sua tela de computador. Ou, talvez, queira inserir o Painel no seu álbum de fotografias do Facebook, se tiver um. Outra coisa legal de fazer é converter algumas imagens em exibição de *slides*, e transformar isso no seu protetor de tela.

Seja lá como for, você poderá ver uma foto dos seus sonhos e aspirações a qualquer hora do dia ou da noite. E isso o ajudará a visualizar a sua trajetória rumo a uma vida melhor, recebendo todo o poder do ***SEGREDO***.

O SEGREDO PARA O DINHEIRO
VIVENDO E ESBANJANDO

Imagine que você é o Peter Jackson e que está dirigindo um épico espetacular do tipo *O Senhor dos Anéis*. Aí, no meio da produção do filme, logo quando você estava prestes a encenar a maior cena de batalha, o produtor liga e diz que você não tem o orçamento necessário. Em vez dos dez mil guerreiros orcs, você só tem quatro figurantes com umas fantasias maltrapilhas e espadas de plástico. Você planejou uma batalha épica, mas acabou com um fracasso épico nas mãos. Quer esteja realizando um filme de sucesso em Hollywood, quer esteja simplesmente vivendo a sua vida, o dinheiro é importante.

Você pode estar pensando agora: "Peraí, eu estou me lixando pra essa história de grana. Deixa o dinheiro pra lá, para quando eu estiver velho e careta!"

Bom, isso parece bacana, mas, quer saber de uma coisa? Se você pensa assim mesmo, está correndo um risco sério de, quando ficar velho e careta, ainda não saber como lidar direito com dinheiro. Falando sério, se for assim, esqueça os dez mil orcs e um filme de estourar bilheteria... você não vai ter dinheiro suficiente nem para comprar a entrada de cinema.

Então, por que não usar ***O SEGREDO*** para faturar uma grana *agora* e ter essa dianteira pelo resto da vida? Parece uma boa ideia? Claro que é. Porque quando você conhece ***O SEGREDO***, consegue atrair todo o dinheiro de que precisa para ser, fazer ou ter o que você quiser, durante o tempo que quiser.

"O dinheiro não é a única resposta, mas faz uma diferença e tanto."
Barack Obama — Presidente dos EUA

MOSTRE O DINHEIRO

OK, então, qual é a do dinheiro? E o que ele representa, exatamente, para você?

É o seguinte: quem olha para uma nota de dez reais vê apenas um retângulo de papel colorido. Não é nada que deixe você em êxtase. Mas esse papel colorido adquire valor porque é uma ferramenta de troca: você o troca por bens e serviços — as coisas de que precisa e as coisas de que gosta. E se você tiver desses pedacinhos de papel em quantidade suficiente, pode fazer qualquer coisa que queira na vida, *quando* tiver vontade. Isso é a verdadeira liberdade — fazer o que se quer, quando se quer. Viver a vida nos próprios termos.

"Um homem é um sucesso se ele levanta pela manhã e se deita de noite, e, entre os dois, faz o que quer fazer."
Bob Dylan — cantor, compositor

Pense só um instante em todas as coisas que você poderia fazer na sua vida com esse tipo de liberdade:

- Viajar pelo mundo em grande estilo.
- Curtir com os seus melhores amigos num lugar fabuloso, como o Havaí.
- Surfar nas melhores praias, o verão todo.
- Estudar música, arte, dança ou teatro com um mestre famoso.
- Gravar um CD com um megaprodutor de sucesso.
- Fazer um filme estrelando o Robert Pattinson e a Kristen Stewart.
- Distribuir dinheiro a desconhecidos nas ruas.
- Ajudar os pobres e desabrigados.
- Sustentar uma comunidade inteira num país em desenvolvimento.
- Dedicar os seus recursos à luta em prol de causas ambientais.

Qualquer que seja a sua paixão, você pode ser, fazer, ter e alcançar todas essas coisas formidáveis para si mesmo e para todo mundo. E isso é possível graças ao papel colorido.

Ora, como você bem sabe, a lei da atração significa que os pensamentos que você está nutrindo na sua mente — positivos ou negativos — vão atrair coisas positivas ou negativas à sua vida. E, para atrair coisas legais para você, inclusive dinheiro, é melhor se assegurar de que está escolhendo pensamentos e sentimentos positivos quanto ao dinheiro.

A RAIZ DE TODO O MAL?

O problema é que tem um monte de gente que cultiva a ideia de que o dinheiro é responsável por tudo de ruim nesse mundo. As pessoas se convencem de que o dinheiro é a raiz de todo o mal, e que o dinheiro corrompe.

Quem pensa dessa forma chega ao ponto de odiar o dinheiro, como se tudo se resumisse aos especuladores da bolsa de valores ficarem ricos à custa dos pobres. Essas pessoas falam mal dos ricos e se referem a eles como sendo podres e sujos. Para piorar as coisas, os ricos são sempre vistos nas telas do cinema como bandidos e vilões. Pense no Senhor Burns, da série *Os Simpsons*, na Cruela Cruel ou no noivo da mocinha do *Titanic*.

Mas não é bem assim.

Pense no Bill Gates, da Microsoft, no Richard Branson, fundador da gravadora Virgin. Esses caras valem quanto pesam. Mesmo. Eles desembolsaram algo em torno de 11 bilhões de dólares para ajudar os pobres, combater o analfabetismo e melhorar a educação. Essas são causas boas, sem sombra de dúvida. O fato é que esses dois bilionários excêntricos são supergenerosos, mas eles não teriam feito nada do que fizeram se estivessem falidos.

Óbvio. Como você pode ajudar os pobres se tornando mais um nessa tribo? Por outro lado, pode fazer umas coisas incríveis, para si mesmo e para o mundo, quando tem grana. E você só atrai grana quando pensa positivamente sobre ela.

POSITIVIZE

Então, agora que você sabe que dinheiro não é sinônimo de virar um sujeito feito o Donald Trump e demitir pessoas, você pode prestar mais atenção em todas as coisas legais que quer atrair para a sua vida — todas as coisas que fazem você se sentir bem, todas as coisas que o dinheiro pode dar. Porque as pessoas que atraem muito dinheiro pensam assim. Elas têm pensamentos de abundância e riqueza, consciente ou inconscientemente, e elas não permitem que pensamentos contrários — de falta, limitação ou insuficiência — se desenvolvam. As pessoas de dinheiro controlam 85 por cento da riqueza do planeta, mas constituem menos de dez por cento da população do mundo. E quer saber? Elas conhecem ***O SEGREDO.***

Ora, agora *você* conhece ***O SEGREDO***, e cabe a você saber como usá-lo. Você pode ficar sentado no seu sofá reclamando das injustiças dessa vida, odiando o dinheiro e nunca atrair nem um centavo. Ou pode ir à luta e *acrescentar* riqueza ao mundo, criar sua própria abundância e se tornar a estrela de cachê fabuloso do sucesso que bate recordes de bilheteria — que é o filme da sua vida.

HERÓIS

O sonho de um ator sem grana

Um ator desempregado e sem um centavo no bolso pegou o carro e foi até o topo de uma colina com vista para Hollywood, a cidade das estrelas. Enquanto olhava por cima dos estúdios de cinema, ele recordava sua vida difícil durante a adolescência, quando ia à escola, de dia, e trabalhava como faxineiro numa fábrica, à noite. Então, teve a época em que sua família foi obrigada a deixar a casa e ir morar em um trailer. Ele voltou a atenção para sua vida no momento presente e, então, fez uma coisa extremamente provocadora: preencheu para si mesmo um cheque de dez milhões de dólares! Ele escreveu no cheque: "Por serviços prestados como ator", e pré-datou para daí a cinco anos. Então, passou a andar com ele para cima e para baixo, para se lembrar de seu objetivo, e simplesmente continuou fazendo o que mais gostava de fazer — trabalhar como ator!

Cinco anos depois, na data exata que ele escreveu no cheque, aquele jovem ator estava ganhando muito mais do que dez milhões de dólares por cada filme que estrelava. O nome assinado no cheque? Jim Carrey.

Quando Jim Carrey estava sem dinheiro e desempregado, ele não tinha razão nenhuma para pensar que ganharia dez milhões de dólares! Mas não deixou que isso o atrapalhasse. Ele resolveu o que queria e, então, acreditou que conseguiria obter aquilo. E você pode fazer o mesmo.

DIGA O QUE VOCÊ QUER, O QUE VOCÊ REALMENTE QUER

Pense bem no que você quer para a sua vida, em termos financeiros. Então, visualize que já possui isso, sinta o que a sua visualização evoca em você — quaisquer sentimentos de alegria, gratidão e felicidade — e irradie isso pelo Universo. Essa é a maneira mais rápida de trazer a riqueza, a felicidade e tudo o mais que você quer na sua vida. E, ao fazer isso, lembre-se de que você não tem que saber *como* todo esse dinheiro vai chegar até você — apenas mantenha a fé de que ele *vai* chegar.

Agora mexa-se, faça mais coisas na sua vida que permitam que você se sinta bem! Porque nisso reside outro segredo por detrás do ***SEGREDO***: o dinheiro pode não trazer a felicidade, mas parece que a felicidade *pode* trazer o dinheiro. Mais ou menos. É que se você se concentrar em fazer mais coisas que o deixam feliz, então, o dinheiro será mais provavelmente atraído para você. Por isso, encha o seu dia de alegria e paixão, e viva essa paixão em tudo o que você fizer.

"Paixão é energia. Sinta o poder que emana quando você se concentra no que o entusiasma."
Oprah Winfrey — apresentadora de programa de TV, produtora, editora

O DINHEIRO CRESCE EM ÁRVORES, SIM

Se você perceber que não está contente com o seu quadro financeiro, não fique grilado; apenas faça o melhor possível e seja o máximo que puder ser. Tem muitas maneiras de fazer dinheiro, sobretudo se estiver preparado para tomar uma atitude e ter um gesto de gratidão. Quando fizer isso, muito provavelmente você vai atrair atenção. Ou seja, vai atrair as pessoas e as circunstâncias certas, que vão ajudá-lo a ter todas as oportunidades, os recursos e o dinheiro que desejar.

Qualificações, capacitações, experiência e uma agenda cheia de bons contatos podem estar fora do seu alcance nesse exato momento, mas paixão, intensidade e um charme cativante são preciosos em qualquer situação. E isso está bem ao seu alcance.

Se você ficar choramingando, reclamando com os outros que a vida é muito injusta, acha mesmo que isso vai ajudar você a chegar aonde pretende chegar? Não. Ninguém gosta de um chorão. Por isso, a não ser que possua uma fada madrinha de verdade, você não vai ser carregado por aí numa carruagem de abóbora.

Por outro lado, tem pilhas e mais pilhas de histórias de jovens arrancados da obscuridade por algum rico benfeitor por causa de seu entusiasmo, de sua energia e de sua vontade de ter sucesso. Pouco importa se você está servindo sanduíches ou lavando pratos, ou trabalhando como caixa num mercado qualquer, você tem que ambicionar ser o melhor garçom, lavador de pratos ou caixa que puder ser. Porque nunca se sabe quando um caçador de talentos vai bater à sua porta. Claro, o contrário também é verdadeiro, e pode até ser que a próxima porta na qual *você* bata venha a tornar realidade o trabalho de seus sonhos.

HERÓIS

Steven Spielberg

Conta a lenda que, quando jovem, o mestre da cinematografia Steven Spielberg não ficou esperando que uma oportunidade batesse à sua porta... ele mesmo foi bater na porta. Recém-formado pela escola de cinema, Spielberg não estava satisfeito em somente sonhar com como seria trabalhar para um estúdio de Hollywood; ele foi ver com os próprios olhos. E, depois de fazer o clássico passeio pelas alamedas da Universal Studios, Spielberg ficou ansioso para vivenciar muito mais.

Ele percebeu que todos os executivos da Universal tinham mais ou menos a mesma aparência: ternos sóbrios e maletas. Então, ele comprou uma maleta nova, um paletó e uma gravata, e entrou pelo portão principal marchando, dando adeuzinho aos seguranças ao passar. Então, encontrou um escritório vazio e se instalou. Assim, com acesso total a todos os estúdios e cenários de filmagens, Spielberg pôde recostar numa cadeira de diretor e observar e aprender com os melhores profissionais. Ele se visualizou no topo, realizando filmes estrondosos, com algumas das maiores estrelas do mundo.

Depois de várias semanas dessa artimanha, Spielberg foi denunciado por alguém do setor de pagamentos. Mas o estúdio não o colocou para fora imediatamente. Como a maioria das pessoas que ouviram essa história em Hollywood, os executivos da Universal ficaram impressionados com a sua audácia e lhe ofereceram um emprego, um salário e um escritório maior. E, em pouco tempo, Spielberg era o mais jovem diretor da cidade, graças ao seu entusiasmo, sua paixão e seu plano incrivelmente esperto.

"Eu vivo de sonhos."
Steven Spielberg — cineasta

UM BILHETE DE ENTRADA

OK, os estúdios de cinema aumentaram bastante a segurança de uns tempos para cá. E, de qualquer forma, talvez fazer cinema não seja o seu lance. Ainda assim, você tem que sair por aí e colocar o seu nome sob os holofotes, simbolicamente. Seja apaixonado. Seja entusiástico. Procure as coisas de que você gosta muito, que adora fazer. E saiba que você pode chegar lá: uma grande carreira, todo o dinheiro de que precisa, um lugar legal para morar... tudo o que lhe vier à mente.

A verdade é que tem oportunidades, dinheiro, recursos e abundância suficientes nesse planeta para você e para todos. Sinta no seu coração que tudo o que você quer é possível. Resolva se sentir bem e tenha pensamentos de abundância. Porque a sua mente é o seu maior recurso em se tratando de atrair toda a riqueza de que precisa para viver a vida dos seus sonhos, fazer aquilo de que gosta e amar o que você faz.

O MAPA SECRETO DA MINA

Siga o exemplo de Jim Carrey e assine um cheque para si mesmo de um milhão de reais. Primeiro, acesse:

www.thesecret.tv/secretcheck.pdf

para baixar o falso cheque em branco. Imprima e assine, nominal a você mesmo. Preencha a quantia que considera que poderá estar recebendo, sem maiores dificuldades, em algum tempo. Coloque a data.

Agora, coloque esse cheque em algum lugar onde você o veja com frequência. Pode ser no seu espelho, dentro da carteira ou na bolsa. E não fique tentando calcular quando você vai ter essa quantia. Não é esse o objetivo. Você só tem que acreditar e se sentir bem, e entrar em sintonia com a ideia de que pode ser, fazer ou ter o que quiser. Dessa forma, o Universo vai conspirar e juntar pessoas, circunstâncias e eventos, a fim de entregar esse desejo para você.

Você também pode acionar o modo turbo na sua intenção de obter o seu milhão, se quiser: é só usar algumas das técnicas explicadas anteriormente...

GRATIDÃO

Sinta-se agradecido pela abundância e pela prosperidade que estão vindo, inevitavelmente, na sua direção. Tente um pouco de gratidão futura. Assegure-se de que você mentaliza tudo no tempo presente: "Eu estou muito feliz e grato pela minha riqueza e pela minha sorte."

E, ao sentir essa gratidão, não pare para pensar em quanto tempo o dinheiro vai levar para chegar, ou em como você vai recebê-lo.

VISUALIZAÇÃO

Como você sabe, o dinheiro propriamente dito é apenas um monte de pedacinho de papel colorido. Por isso, é muito difícil visualizar esses pedacinhos de papel colorido e se sentir entusiasmado. O que *você* pode fazer é se imaginar desfrutando do estilo de vida e da liberdade que a riqueza lhe propicia. Imagine o que você vai comprar com dinheiro ilimitado. Cerque-se de imagens de coisas que você gostaria de ter. Sinta a animação de ter todas essas coisas e de partilhá-las com as pessoas de quem você gosta. Porque essa é a melhor parte da história de ter dinheiro: dar e partilhar o amor.

Quando você alcançar esse sentimento de maneira consistente — a sensação de ter, dar e fornecer, em vez de não ter —, então, estará na vibração do dinheiro. E aí nunca mais você vai ficar sem grana na sua vida.

Uma última coisa com relação ao dinheiro: Bill Gates e Richard Branson foram mencionados antes, mais especificamente sua generosidade e os bilhões que eles distribuem — prática que pode ser chamada de "dar o dízimo". A palavra "dízimo" vem de "dez", e existe uma velha tradição em que se costumava doar um décimo dos seus rendimentos para obras de caridade. Ora, isso pode parecer exagerado, sobretudo se você não estiver exatamente nadando em dinheiro. Mas experimente...

Existe uma escola de pensamento, surgida de tradições místicas da Cabala judaica, totalmente em sincronia com a lei da atração, que diz que o que quer que você doe lhe será devolvido multiplicado por dez. Isso é que é efeito colateral bacana, não é mesmo? O que você dá, recebe de volta multiplicado.

"Quando você é bom para uma pessoa em dificuldade, você espera que ela se lembre e seja boa com outra pessoa. E isso vira uma espécie de incêndio descontrolado."

Whoopi Goldberg — atriz, comediante

HISTÓRIAS REAIS

O Segredo de Asher

Eu li sobre essa história de "nota da sorte" na internet, e resolvi experimentar. Você pega uma nota de 5 dólares (ou qualquer outra nota pequena que puder) e escreve "Boa

Sorte" ou outra mensagem positiva com caneta que não apague. Então, você cola a nota num lugar em evidência, onde alguém a encontre. Você pode colocar onde quiser, a única regra sendo a de que você não deve ficar por perto para ver quem vai encontrar a nota. É um gesto de gentileza a esmo, como no carma da série My name is Earl *— se você fizer o bem, então, o bem voltará para você.*

Bom, eu e duas amigas fomos até o centro da cidade com uma pilha de notas da sorte, e as colocamos em vários lugares diferentes, como por exemplo:

- *No teto do vagão do trem*
- *Numa pilastra da estação de trem*
- *Dentro de um jornal numa banca de jornal*
- *Dentro de um cartão de aniversário numa papelaria*
- *Dentro de uma embalagem de chupeta numa mercearia*
- *Na porta de um banheiro público*
- *Dentro de uma cabine telefônica*
- *Dentro de um porta-guardanapos*

Acho que encontrar uma quantia de dinheiro, mesmo que seja pequena, num lugar onde não se esperaria encontrar nada, pode alegrar o dia de uma pessoa, ou até modificar esse dia completamente. No que me diz respeito, estou esperando que a sorte me seja devolvida, mas me diverti muito escondendo as notas da sorte.

Asher, 15 anos

Victoria, Austrália

O SEGREDO PARA OS RELACIONAMENTOS

FICANDO E SAINDO JUNTO

Admitindo ou não, a maioria de nós quer o amor e o respeito de todos à nossa volta. Tem tudo a ver com aquela vibração tribal, aquele sentimento de pertencimento, de encaixe perfeito, de ser valorizado e amado.

Mas, para muitas pessoas, a realidade é bem outra, e a vida nem sempre acontece como gostariam.

Você já se sentiu incompreendido e totalmente só?

Tem horas em que você diz para si mesmo: "Por que ninguém me entende?"

E, às vezes, parece que os seus pais não têm a menor ideia dos problemas que você está enfrentando?

E isso chega ao ponto em que você acha que poderia desaparecer sem que ninguém percebesse?

Infelizmente, muitas pessoas se sentem assim. Talvez você se sinta assim agora mesmo, ou talvez já tenha sentido isso no passado.

Mas agora que conhece ***O SEGREDO***, pode mudar essa história completamente usando a lei da atração para conseguir relacionamentos novos e mais interessantes. E você também pode resolver e reconstruir relacionamentos já existentes — até os que acabaram mal ou estão se acabando.

A verdade é que os seus relacionamentos funcionam ou não por uma razão principal: os pensamentos que você cultiva na sua cabeça.

NO QUE VOCÊ ESTAVA PENSANDO?

Você já percebeu que sempre que alguém faz uma coisa que o desagrada, é muito fácil se ver preso no jogo de culpar o outro? Você acusa o que o outro sujeito fez de errado — como *ele* estragou tudo. A verdade é que você deveria estar acusando a si mesmo. Claro que *ele* pode ter feito algo errado, mas pergunte a si mesmo: o que *você* fez para atrair essa cena e esse comportamento?

No que *você* estava pensando?

Porque é a isso que os outros estão reagindo. E é isso que está atraindo.

O mesmo é válido para todos os relacionamentos: com os pais, os professores, os ditos amigos ou qualquer pessoa com quem você venha tendo dificuldades. Eles estão todos reagindo à sua vibração e devolvendo a você o que *você* está atraindo.

Por isso, cuidado, se você está com um relacionamento tumultuado na sua vida, então deve ter uma coisa tumultuada na sua maneira de pensar.

Por exemplo, digamos que esteja em busca de amor e respeito, mas tem uns problemas de baixa autoestima. Nesse caso, você está projetando uma vibração que diz:

"Não mereço amor e não mereço respeito." Então, adivinha o que você está atraindo?

Com toda a certeza, não é amor e respeito.

VEJA-SE COMO LIXO, E AS MOSCAS VÊM

Quando você está se sentindo desrespeitado, não amado e triste, isso costuma ser uma passagem só de ida para a ilha da Solidão. Quer dizer, quem vai querer uma pessoa "deprê" por perto? Você imaginaria que ninguém quer, não é? Errado! Outras pessoas tristes querem... porque a tristeza adora companhia.

Lembre-se de que a lei da atração está sempre funcionando, então, quando sentimos pena de nós mesmos, atraímos outras pessoas para baixo, que estão sentindo pena de *si mesmas*. As pessoas que vivem reclamando adoram encontrar outras com quem elas possam fazer uma sessão de autocomiseração.

Você precisa sair desse tipo de roubada o mais rápido possível, porque nunca se pode mudar nada simplesmente reclamando. Na verdade, você só consegue acumular mais motivos de reclamação!

Então, o primeiro passo é mudar a sintonia: pare de fazer drama e pare de espalhar a sua própria desgraça pessoal. Quanto aos coleguinhas da autopiedade: eles não estão ajudando você, e você não tem como ajudá-los. Bem, a não ser que você seja um terapeuta emo.

MÉDICO, CURA-TE A TI MESMO

Por falar em terapia, você é a única pessoa que pode curar os seus próprios problemas de autoestima. Mude o seu enfoque para sentir-se bem na própria pele e, naturalmente, você vai atrair pessoas positivas e relacionamentos positivos para a sua vida. E você também estará bem encaminhado para atrair o amor e o respeito que tanto espera.

HERÓIS

Leisel Jones

Leisel Jones era uma jovem precoce de 15 anos quando estourou no cenário mundial, ganhando uma medalha de prata nos Jogos Olímpicos de 2000, em Sydney. Tendo sido coroada novo ídolo adolescente da natação, a pressão aumentou quando Leisel voltou a competir em Atenas, quatro anos depois. Mas, em Atenas, ela lutou para conseguir a medalha de bronze, e não foi muito bem-sucedida na tentativa de esconder a sua decepção. Infelizmente, a mídia e o público em geral observaram isso, e a criticaram por ser imatura e mal-agradecida.

O que ninguém sabia, era que Leisel estava completamente destruída com sua perda. Ela sentia que tinha decepcionado a todos. Sobretudo a mãe, que, solteira, abandonara literalmente tudo por ela. Com seus sonhos arruinados, Leisel ficou emocionalmente destroçada.

Leisel cresceu sendo observada pelo público, sem tempo para amigos ou namorados e, como muitos adolescentes, também tinha uma baixa autoestima. Ela acabou se isolando e chegou a pensar em abandonar o esporte. Como ela mesma disse: "Fiquei muito pra baixo." Com o tempo, Leisel compreendeu que não poderia continuar assim. Ela começou a entender que precisava aprender a se amar antes que os outros pudessem amá-la.

Então, das profundezas da depressão e do desespero, Leisel Jones ressurgiu. Embora tenha sido difícil conseguir tal façanha, em 12 meses ela realizou uma mudança completa na sua vida. E agora que conseguia amar a si mesma, outras pessoas também começaram a gostar dela. Ela finalmente teve o seu primeiro namorado firme, patrocinadores começaram a pipocar à sua volta, e até o público a perdoou.

E a natação também ajudou: mais rápida, forte, autoconfiante e determinada, Leisel Jones quebrou vários recordes mundiais na trajetória da realização do sonho de sua vida: uma medalha de ouro nos Jogos Olímpicos de Pequim, em 2008. E ela atraiu isso tudo gerando pensamentos de amor interior.

Faz muito sentido, se você pensar bem: para encontrar amor e respeito, você precisa *ser* amor e *ser* respeito. Você tem que sentir isso dentro de si antes que os outros possam senti-lo.

OK, então agora você sabe que sentir-se bem é a chave para o amor, o respeito e os bons relacionamentos. Mas você pode estar pensando: "Pois é, mas é mais fácil falar do que fazer."

Bom, tudo começa com um único pensamento positivo de amor e respeito por si mesmo. Pode ser algo tão simples quanto:

- Eu tenho um ótimo senso de humor.
- Sou inteligente e atencioso.
- Tenho uma perspectiva original sobre o mundo.
- Sou uma companhia espirituosa e divertida.
- Sou excelente ouvinte.
- Sou um amigo leal e solidário.

Procure lá no fundo e descubra um pensamento que ressoe com você, que sinta ser verdadeiro. Concentre-se nesse aspecto e repita-o para si mesmo, pela manhã, quando estiver acordando, de noite, antes de dormir, e muitas vezes entre esses dois momentos. Ao fazer isso, a lei da atração vai começar a lhe mostrar *mais* coisas legais sobre você, porque você vai atrair mais coisas sobre as quais estiver pensando. Vai atrair outros pensamentos "semelhantes" e sentimentos fortes, e, sem se dar conta, vai estar tão autoconfiante que vai poder dar dicas para o Will Smith!

PROCURE E ENCONTRARÁ!

Autoconfiança é somente encher-se de amor e de bem-estar com relação a *si mesmo*. Quer uma prova? Então se liga...

Você já deve ter notado que, em toda festa, reunião ou situação social aonde você vá, o cara mais seguro na sala está rodeado de garotas e garotos a partir do instante em que passa pela porta. Por que isso acontece? Porque ele projeta bem-estar; ele se sente bem na própria pele. Ele se diverte e, acima de tudo, é uma companhia divertida. Então, ele atrai multidões — é magnético.

Mas como foi que esse cara ficou tão seguro de si? Bem, provavelmente ele deve ter começado com um único bom pensamento sobre si mesmo, e a coisa cresceu a partir dali. Quanto aos garotos e garotas em volta dele, estão todos atraídos pela confiança, carisma e autorrespeito. Entendeu? Eles gostam dele porque *ele* gosta de si mesmo.

E esse é um dos maiores segredos dentre os segredos. A maior parte das pessoas acha que a felicidade e o bem-estar provêm do amor e do respeito dos outros. Elas buscam amor e respeito a fim de se tornarem felizes e se sentirem bem. Mas é o contrário. Você faz *você mesmo* feliz, e isso atrai amor e respeito. Procure lados positivos dentro de si mesmo e concentre-se neles com carinho, e então irradie essa vibração. E aí, preste atenção e sinta o amor.

HISTÓRIAS REAIS

O Segredo de Cassie

Morei com minha mãe até os 12 anos de idade, e foi mais ou menos nessa época que tudo começou: os meus problemas de baixa autoconfiança e baixa autoestima. Lembro de minha mãe sempre me dizendo que se sentia gorda, apesar de ser magérrima e de quase nunca comer.

Há uns dois anos, tive que mudar para a casa do meu pai, por causa dos problemas pessoais da minha mãe. Venho sofrendo, nos últimos anos, com os meus próprios hábitos alimentares, mesmo estando num ambiente muito saudável na casa do meu pai.

Li O Segredo há mais ou menos um ano, mas, por alguma razão, não o absorvi completamente, porque continuei sofrendo. Há poucos meses, meu pai e eu fomos a um terapeuta para tentar me ajudar com a minha tristeza quase constante e a minha baixa autoestima. Tem ajudado um pouco, mas foi somente depois de ler O Segredo novamente que eu comecei a realmente gostar de mim mesma.

Compreendi que sou linda e perfeita como sou. Tenho tentado mostrar à minha mãe — que está se recuperando agora — o milagre de aprender O Segredo, e como ele pode ajudá-la, mas ela parece não ligar. Mas, um dia, eu sei que ela vai ver como também é linda. Embora seja duro, às vezes, faço o maior esforço do mundo para continuar positiva todos os dias, e vou continuar a usar O Segredo na minha vida.

Você tem que aprender a amar a si mesmo antes de realmente poder amar aos outros.

Cassie, 16 anos
Michigan, EUA

"Amar a si mesmo é o início de um romance que dura uma vida inteira."
Oscar Wilde — dramaturgo, poeta, escritor

Quando você se ama, atrai automaticamente sentimentos de amor por parte dos outros ao seu redor. E vice-versa, quando ama os outros, isso atrai sentimentos de amor deles para com você. O seu amor por si mesmo literalmente atrai o amor dos outros; dá a eles uma razão para amar você.

Por outro lado, se estiver decidido a projetar uma imagem de ódio a si mesmo, é isso que as pessoas vão ver. E, para ser totalmente franco, esse ódio não é agradável. Sobretudo se delineador e roupas pretas não ficarem bem em você.

Em vez disso, concentre-se nos aspectos positivos de quem você realmente é. Coloque-se sobre um pedestal, sorria para variar, e o seu charme único, o seu calor e o seu humor iluminarão o mundo.

Um aviso: os seus velhos coleguinhas de sessões de autopiedade, que não estão acostumados com esse novo você, poderão levar certo tempo para entender. Alguns podem não entender nunca. Eles podem até ficar zangados com o fato de você não estar mais triste, reclamando e odiando a si mesmo.

E, quer saber? Não tem o menor problema. As pessoas mudam. Às vezes elas se afastam totalmente. Se isso acontecer, pode não ser ruim. Apenas saiba que os amigos, às vezes, se afastam para abrir espaço para que outros entrem em sua vida. E certamente esses novos amigos estarão completamente em sintonia com o novo e feliz você.

Claro, a lei da atração não funciona apenas nos relacionamentos com amigos e familiares; ela também pode dar à sua vida romântica um bom empurrão. Como? Você adivinhou: através do poder dos seus pensamentos.

VOCÊ ME GANHOU NO PRIMEIRO "OI"

Você já se apaixonou loucamente por alguém, mas ficou com medo de fazer alguma coisa a respeito, de dar o primeiro passo ou de tentar se aproximar? Talvez tenha ficado com medo do que poderia (ou não) acontecer quando os outros soubessem dos seus sentimentos. Talvez você tenha ficado preocupado em não ser bom o suficiente, ou parecer meio estúpido.

Aposto como isso já aconteceu, não foi? Todo mundo já passou por isso. É como se você virasse o personagem de Tobey Maguire no filme *O Homem-Aranha* — assustado com as consequências de pedir à sua amada, Kirsten Dunst, para sair com ele (sem desconfiar que ela também está interessada nele).

Mas por quê? Por que as pessoas têm tanto de medo de se arriscar? Geralmente, é porque não se sentem à altura, ou têm medo de ser rejeitadas. Muito justo. Quem gosta de ser rejeitado? Ninguém. Mas se é o que pensa, então, seja bem-vindo à Rejeitolândia; população: você.

O DESESPERO REPELE OS ENCONTROS

Por outro lado, digamos que você arrume coragem para superar o seu medo de rejeição. Aí, ao se aproximar do seu novo amor, você está provavelmente nervoso, suando, tremendo e gaguejando. Encaremos os fatos: você parece totalmente desesperado. E, como todos sabemos, o desespero repele o romance. O seu novo amor pode não conseguir identificar exatamente por que, mas seu instinto lhe dirá: "Evitar a todo custo. Bagagem emocional esquisita."

O que você precisa fazer é o seguinte: em vez de rejeição, pense em afeição, pense numa mudança de rumo e, sobretudo, pense em perfeição.

Mude seus pensamentos e perceba que você merece a atenção dessa pessoa. Então, visualize-se saindo com ela, se divertindo horrores, rindo e curtindo a companhia um do outro. Veja *primeiro* o resultado final que deseja, e, depois, mergulhe de cabeça!

Se for para acontecer, então vai acontecer. Na melhor das hipóteses, vocês terminam loucamente apaixonados no estilo hollywoodiano do "e foram felizes para sempre". E, se não der, não esquente. Se não chegar a acontecer nem quando está nesse estado de espírito, é porque o Universo tem algo melhor reservado para você. E, sem dúvida, outras grandes oportunidades estão vindo na sua direção agora que elevou o seu pensamento. Você já não está mais atolado em melancólicos pensamentos de rejeição; só pensa em afeição, seleção, um novo rumo e perfeição. Então, com ou sem novo amor, algo quentíssimo está prestes a acontecer.

ELE/ELA NÃO ESTÁ A FIM DE VOCÊ

Ora, essa última parte pode parecer meio dura de engolir, sobretudo se você estiver sofrendo de ninguém-mais-ite (ou seja, está obcecado por uma pessoa em particular). E, se estiver nessa situação, pode ficar confuso quanto ao porquê de não conseguir usar ***O SEGREDO*** para conquistar o desejo do seu coração. Você pode estar até pensando que a lei da atração o deixou na mão, ou que tem algum tipo de falha na lei. Afinal de contas, ***O SEGREDO*** nos diz que o que você pensa você concretiza, não é?

Tudo bem, mas você não pode se esquecer de que só tem como controlar seu próprio pensamento e seus próprios sentimentos. Você não pode controlar os pensamentos e sentimentos dos outros. Sério, isso aqui não é Star Wars... ***O SEGREDO*** não é um controle da mente Jedi. Você não pode obrigar ninguém a fazer nada — como por exemplo se apaixonar por você — contra a vontade.

É exatamente como no *Aladim* da Disney, quando o Gênio explica as regras sobre os desejos. Lembra? Ele diz que não se pode forçar alguém a se apaixonar por você. Bem, quem quer que tenha escrito isso conhecia bem a lei da atração, porque é a mesmíssima coisa na vida: não é possível forçar uma pessoa a se apaixonar por você contra a vontade dela.

Pense nisso: qual é o seu verdadeiro desejo? O que você quer? Amor e romance? Você quer encontrar o par perfeito? Ou quer se ligar a uma pessoa em particular, mesmo que isso signifique alguém que não está ligado em você?

Como você acha que isso iria acabar? Ressentimento, uma separação dolorosa, e a garantia de um coração partido. Não é isso que quer. Você quer amor e romance, mas, também, felicidade. Você quer o par *perfeito*.

Então, tente esquecer qualquer pessoa específica por algum tempo. Na verdade, não pense em alguém que você conhece, ou alguém que você não conhece. Não pense em ninguém. Em vez disso, concentre-se num sentimento, na vibração do seu par *ideal*, no namoro mais incrível possível. Imagine como seria essa experiência — os seus sentidos, os batimentos do seu coração, a sensação.

Quem sabe, talvez acabe ficando com aquela paquera que você já tem. Ou, então, existe outra pessoa que você conhece e que é o seu par perfeito, só que nunca pensou nela dessa forma antes. Ou, talvez, exista outra pessoa ainda melhor prestes a entrar na sua vida.

Acredite que o Universo vai chegar até você. Acione a vibração certa e deixe atração ideal vir... *seja lá quem for*.

O MAPA SECRETO DA MINA

Quando os roteiristas escrevem histórias românticas, o principal desafio é criar personagens compatíveis — o par perfeito. Por isso, passam um monte de tempo dando corpo a esses personagens, descrevendo quem eles são, de onde eles vêm, do que gostam, e assim por diante. E você pode escolher os atores do seu próprio romance, fazendo exatamente o mesmo.

PEÇA

Pegue seu caderno e passe alguns minutos descrevendo o *seu* par perfeito. Mantenha mentalmente uma imagem da sua futura "alma gêmea" e comece a escrever. Aprofunde os pormenores o quanto quiser — você decide se escreve algumas linhas ou umas páginas. Mas não se esqueça de que o objetivo é evitar descrever uma pessoa real, um amor da vida real, e de pensar em "quem". Não é essa a sua meta agora. Concentre-se no seu "tipo", nas características gerais e nos gostos e interesses dele/dela.

Você pode descrever detalhes físicos se quiser: cor de cabelo, de olhos, de pele, peso, medidas. Você decide. Mas não se prenda somente no físico — a personalidade também é importante. E interesses comuns são essenciais. Lembre-se, você está escolhendo o representante do seu par perfeito.

Eis algumas ideias para os tipos de detalhes que você pode querer considerar:

- Senso de humor
- Inteligência
- Aptidão para esportes
- Senso de moda
- Passatempos
- Trabalhos voluntários
- Gosto musical
- Filmes prediletos

Acabou? Ótimo.

Agora que você tem uma descrição, está na hora de sentir a vibração do que descreveu num nível *emocional*... como se você e a sua nova alma gêmea já tivessem se encontrado e estejam totalmente envolvidos um com o outro. Qual seria a sensação? Feche os olhos e sinta completamente a agitação de estar conectado com esse par dos seus sonhos. Sinta isso no seu coração. Sinta os arrepios.

ACREDITE

Coloque sua atração em ação escrevendo sobre as coisas que você imagina fazer junto com essa pessoa: dançar, ir ao cinema, caminhar na praia, mandar SMS cinquenta vezes por dia... o que vier à mente. Não se esqueça de incluir um monte de detalhes, como: a maneira de vocês se relacionarem, como essa pessoa trata você e como ela faz você se sentir.

Ao escrever essas cenas, visualize-as acontecendo e imagine imagens, sons, odores, enfim, todas as sensações. Se você conseguir transformar isso numa experiência multissensorial, sinta tudo nos mais diversos níveis e plante realmente esse pensamento-crença na sua mente, e estará bem encaminhado para torná-lo realidade.

RECEBA

Você pode achar que é meio estranho passar tanto tempo descrevendo um relacionamento que ainda não existe. Bom, pode até ser estranho, mas funciona! Escrever sobre o seu par ideal vai ajudá-lo a perceber os sentimentos que combinam com esse relacionamento perfeito. E se você conseguir verdadeiramente imaginar essas experiências no seu coração e na sua mente, vai começar a projetar uma vibração totalmente diversa. Continue assim e com toda a certeza você atrairá alguém que vai superar até os seus sonhos mais loucos. E não será um romance qualquer... já que selecionou alguém para o papel, com perfeição, você vai atrair um par praticamente concebido nas estrelas.

ESCOLHA O ELENCO DA SUA VIDA

Esse truque da escolha do "elenco" não funciona somente para o amor. Você pode aplicar a mesma técnica a todos os seus relacionamentos, da família aos amigos, professores e colegas, ou até mesmo alguém na escola ou no trabalho que esteja criando problemas para você. A única diferença é que você não está mudando os atores desses papéis, não está necessariamente querendo substituir essas pessoas na sua vida. Você está simplesmente reescrevendo a maneira que escolheu de se relacionar com elas.

E isso é crucial em todos os seus relacionamentos. Não importa o que uma pessoa faça para prejudicar você, a sua maneira de reagir é sempre uma escolha sua. Você pode escolher se irritar ou não esquentar. Se escolher a raiva, então pergunte a si mesmo: "Qual é o meu próximo passo?" Você vai continuar chateado ou vai superar isso? Você prefere se concentrar na amargura, ou levar em consideração e ser agradecido por qualquer coisa positiva que essa pessoa lhe tenha proporcionado? Você decide.

Em resumo: os relacionamentos se definem pela maneira de se relacionar.

SETE COISAS QUE EU ~~ODEIO~~ *GOSTO* EM VOCÊ

Na próxima vez que seus pais forem duros com você, ou que um amigo de repente ficar de ovo virado, dê a eles tempo para se relacionarem — tente entender a situação pelo ponto de vista deles. Então, pegue papel e lápis e escreva quaisquer pensamentos positivos que lhe vierem à mente sobre eles. É exatamente o oposto do livro das *Meninas malvadas* — você estará escrevendo pensamentos *bons*.

Claro que pensar bons sentimentos sobre alguém que está atrapalhando a sua vida é mais fácil na teoria do que na prática. Então, comece de forma modesta. Tente escrever sete coisas que você realmente aprecia nessa pessoa (talvez precise ser criativo, mas você consegue). Faça isso durante alguns dias seguidos, e, sinceramente, *sinta* admiração e gratidão ao fazê-lo, e o relacionamento mudará bem diante dos seus olhos.

HISTÓRIAS REAIS

O Segredo de Jason

Esse ano tem sido realmente muito duro e atribulado. Andaram dizendo muita coisa a meu respeito, e tinha um cara que parecia ter resolvido se encarregar de me deixar para baixo. Ele parecia não ter mais nada para fazer na vida a não ser me amolar.

Fiquei sabendo do Segredo e primeiro li o livro, depois vi o filme. Comecei a compartilhar O Segredo com meus amigos, familiares e professores.

O meu objetivo principal era simplesmente ser feliz na escola. Segundo O Segredo, bastava que eu visse uma coisa para depois tê-la.

Comecei a me visualizar sendo popular na escola, me relacionando superbem com meus amigos, e não sendo perseguido ou enfrentado por ninguém.

Surpreendentemente, todos estão sendo gentis comigo, agora, até o meu inimigo mudou de atitude. O que aconteceu foi o seguinte...

Ele estava sentado junto com um monte de colegas, e eu tinha que passar por eles. Imaginei o pior. Então, lembrei do que eu tinha visualizado. Passei sem qualquer problema. No caminho de volta, ao passar por eles de novo, meu inimigo me chamou. Fui até ele e apenas torci para ele não fazer nada de ruim. Ele começou a conversar comigo como se fôssemos amigos. Os amigos dele começaram a elogiar umas coisas que eu tinha feito. Foi incrível!

Eu atraí isso e outras coisas para mim por meio do uso do Segredo. Você pode começar AGORA a mudar TUDO.

FAÇA DA SUA VIDA O QUE VOCÊ QUER, HOJE!

Jason, 15 anos

Johannesburgo, África do Sul

No final das contas, é tudo muito simples. A chave para o sucesso em qualquer relacionamento é apenas permanecer real e verdadeiro consigo mesmo e se sentir ótimo. *É isso aí.* Se você estiver fazendo isso, então, nem tem como evitar projetar uma vibração positiva e atraente. Você vai começar a sentir que todo o Universo está fazendo tudo por você, e que você está atraindo gente legal na sua direção.

E, muito provavelmente, até os seus piores inimigos vão entrar nessa e vão se ver ao seu lado, sem se darem conta do fato. Não acredita? Experimente. Você poderá ficar surpreso com a rapidez com que uma mudança pode acontecer.

Por isso, ver o melhor nos outros tem que se tornar um objetivo para você, e, assim, o melhor em tudo lhe será devolvido. Ao mudar seus pensamentos, você tem o poder de mudar todos os seus relacionamentos, e você estará pronto para ficar junto, sair junto e ter uma vida melhor. E esse é ***O SEGREDO***... para os relacionamentos.

O SEGREDO PARA A SAÚDE

TUDO EM CIMA, DOUTOR?

Você já percebeu como somos constantemente bombardeados com propaganda sobre nossa saúde e nosso corpo? Isso é bonito, isso não é bonito; faça ginástica dessa forma, faça ginástica dessa outra forma; coma isso, não coma aquilo. Não é de espantar que tantos de nós tenhamos problemas!

Mas é exatamente esse o problema. Toda essa pressão não passa de uma campanha esperta destinada a nos fazer entrar num mesmo padrão. Acontece que você é uma obra em construção, e ninguém tem o direito de desrespeitar, criticar ou julgar você.

Falando sério, dá para imaginar o Will Wright, o cara que criou os Sims, esquentando a cabeça só porque alguém da equipe que testa o programa de computador emitiu uma análise negativa do jogo dele mais recente e ainda em fase de elaboração? Por que ele se preocuparia com alguma coisa que interfere com a vibração dele? Ele é hiper bem-sucedido. E o novo jogo ainda não ficou pronto.

Bom, assim como Will Wright, você está criando o seu próprio megassucesso. Mas é claro que não estamos falando dos Sims; não se trata de uma simulação, nem de um jogo; trata-se de ***VOCÊ***. E, como Wright, você não tem que dar bola para as críticas negativas sobre você.

Você não precisa ler todas aquelas revistas de moda que induzem você a pensar que acabou de sair de um cenário de *Betty, a feia*. Leia apenas coisas que o façam se sentir bem, e só faça coisas que o façam se sentir bem, *superbem*, que o façam se sentir ótimo na própria pele.

E você tem que se sentir bem consigo mesmo. Porque se você se sentir como Betty, a feia, essa é uma vibração poderosa, e você vai continuar atraindo pensamentos feios quanto ao próprio corpo. Você jamais mudará caso se sinta feio, se critique constantemente e só encontre defeitos. Na verdade, você só vai atrair mais daquilo de que estiver reclamando: gordo demais, magro demais, pálido demais, *qualquer* coisa demais. Relaxe.

AME QUEM VOCÊ É

Dê a si mesmo um pouco de amor e de respeito. Goste de cada centímetro quadrado de seu corpo. Diga coisas positivas sobre si mesmo. Experimente algumas dessas afirmações, por exemplo:

- "Vejo apenas perfeição."
- "Tenho o corpo ideal para mim."
- "Estou em forma e saudável."
- "Meu corpo é benfeito."
- "Sou forte."
- "Amo o meu corpo como ele é."

Ou bole a sua própria afirmação para se sentir bem quanto à sua aparência.

Pense no filme *Hairspray*. Ele é um desafio clássico para o mito da beleza universal. Note como Tracy Turnblad não deixa que seu tamanho a distraia do seu sonho de se tornar uma dançarina de programas de televisão. Ela simplesmente continua a dançar, deixando o seu talento natural brilhar. À medida que vai superando as adversidades, para não falar na sua rival magrinha e bonita, Amber, nos damos conta de que a beleza não é uma questão de tamanho. É uma questão de como pensamos e nos sentimos interiormente.

> *"Você não tem como impedir a minha felicidade, porque eu gosto do meu jeito."*
>
> Edna Turnblad, em *Hairspray*

O mesmo se aplica aos rapazes. Se você está olhando no espelho na esperança de ver um guerreiro espartano de algum filme épico, com os músculos abdominais bem definidos, peitorais saltados e bíceps colossais, poderá se sentir aliviado ao saber que aqueles caras foram todos retocados digitalmente. Não seria legal se todos tivéssemos os nossos retocadores digitais pessoais?

O fato é que ter uma barriga durinha não vai deixá-lo feliz, embora você até possa pensar que seus pneus ou sua magreza o deixem infeliz. A felicidade só pode vir de dentro de você; é uma coisa interior. Você atrai a felicidade da mesma forma como atrai pessoas, circunstâncias e acontecimentos — você atrai a partir do que está rolando dentro de você. O seu magnetismo é interior.

Pense bem: se você pegar um ímã e o pintar de uma cor feia, ele não vai perder suas propriedades; ele ainda atrairia. O magnetismo não vem da superfície pintada, vem do conteúdo magnético. O mesmo ocorre com você. Não se trata de ser bronzeado ou de ter uma pele linda, ou cabelos sedosos e brilhantes. É o seu interior que atrai os outros a você. Você precisa trabalhar no seu conteúdo magnético sendo feliz interiormente.

Então, relaxe. Dê um descanso ao seu corpo e tome a decisão de ser feliz ***AGORA***. Em breve você vai descobrir que o seu magnetismo interior é muito mais atraente do que peitorais definidos ou um corpo espetacular. Além disso, se você não tiver personalidade, charme ou felicidade dentro de você, ninguém vai se interessar pela sua aparência usando roupa de banho.

CARA A CARA COM OS FATOS

Isso não quer dizer que você não possa mudar a sua aparência se quiser, usando o poder da sua mente e a lei da atração. Por exemplo, digamos que você queira usar ***O SEGREDO*** para ter uma pele maravilhosa. Você acha mesmo que pode mudar a sua pele usando o poder dos seus pensamentos? Claro que pode. Na verdade, a essa altura, você já deve ter feito exatamente isso, só que ao contrário.

Como quando você tem uma crise de acne justamente poucos dias antes da festa do pessoal da escola ou algum evento importante. Ou, quem sabe, a coisa nem tenha começado com você; talvez o seu melhor amigo tenha ficado com uma espinha bem na ponta do nariz. Você notou e talvez até tenha brincado com ele por causa disso. E, de repente, como uma espécie de epidemia de espinhas, você também acorda com uma bem no meio da testa. É a lei da atração trazendo espinhas para você.

Aí, você fica obcecado, e o que acontece? A sua pele piora. E você fica nervoso, e a pele piora ainda mais. A essa altura, você já deve estar começando a suspeitar que foi a sua obsessão com as espinhas que as alimentou desde o princípio. A lei da atração agiu novamente. Mas não tem razão para você não interferir de maneira inversa na sua aparência — se você pode atrair uma espinha enorme usando ***O SEGREDO*** —, então, também pode limpar a sua pele usando o mesmo poder da mente. Mas como?

Você tem que quebrar esse ciclo. Pare de ficar obcecado com o que você não quer; pare de ficar obcecado com espinhas. Apenas passe os seus produtos cosméticos habituais, e deixe a sua pele em paz. Esqueça a sua pele. Veja-a perfeitamente limpa. Visualize-a. Acredite. Um pouco de maquiagem pode ser útil, porque vai ajudar você a acreditar. Sinta-se agradecido pela sua pele boa. E não dê mais poder ou atenção à pele ruim. E, se conseguir desencucar e acreditar sinceramente, vai acabar atraindo uma pele perfeita e bonita em pouco tempo.

HISTÓRIAS REAIS

O Segredo de Shannon

Eu amo minha irmã, e sabia que ela ia ter grandes benefícios com O Segredo. Mas hesitei a entrar nessa com ela porque eu sabia que ela era muito cética. Bem, comecei a falar com ela mesmo assim e, claro, ela me perguntou se eu estava maluca, há-há. Mas eu acho que quanto mais eu falava no assunto, mais ela foi ficando aberta a, de fato, me ouvir.

Minha irmã tem (tinha) uma pele muito ruim. Ela lutou com a acne por muitos anos. Um dia, ela estava na minha casa, e eu me dei conta de que ela tinha um problema sério com a pele e com a autoestima. Ela se olhava no espelho e dizia: "Puxa, eu odeio a minha pele. É tão ruim. Olha só as minhas olheiras. Estou com uma cara horrível, hoje. Me sinto horrível, hoje." Falei para ela: "Para com isso! Você só está piorando as coisas. Você está atraindo todas essas coisas de volta pra você, e, assim, elas nunca vão embora." Claro que ela respondeu algo como: "Tá, Shannon, é isso aí, blablablá." Mas dei a ela um audiolivro de O Segredo, assim mesmo (o que foi realmente bom, porque ela nunca conseguia sentar e ler outra coisa que não fosse revista de fofoca).

Ela começou a ficar animada com a coisa e sua atitude/maneira de pensar começou a mudar. Uma semana depois, ela veio até a minha casa e quase toda a acne tinha sumido. Falei para ela: "Minha nossa, sua pele está tão linda!" E ela respondeu: "Obrigada, venho usando O Segredo pra curar a minha pele."

Shannon

Califórnia, EUA

O MAPA SECRETO DA MINA

Como outros milhões de pessoas, você já deve participar de algum fórum da internet ou de sites sociais como o Facebook, o Twitter, o Orkut, o MySpace, assim como usar o MSN ou o Skype. Nesse caso, você já sabe que esses serviços disponibilizam algum grau de personalização, que lhe permitem, mais ou menos, ser dono do seu espaço.

Por exemplo, você pode escolher um avatar ou uma imagem que o represente enquanto está conectado. A maior parte das pessoas opta por uma imagem genérica de algum banco de imagens da própria internet. Mas você tem como usar um avatar personalizado que cria uma visão *ideal* de você. E como ela é a imagem que bilhões de pessoas por toda net vão ter de você, isso quer dizer que você vai enviar umas vibrações bem poderosas que o ajudarão a visualizar e a criar sua imagem perfeita.

OK, mas se você atualmente tiver uma identidade sem graça e genérica, está na hora de mudar isso. E o primeiro passo é pegar sua foto preferida, escaneada ou digital, e dar umas retocadas. Procure no Google por "caricatura avatar", e vai encontrar vários sites dispostos a pegar o seu rosto e transformar você numa deusa amazona, num super-herói, numa rainha da beleza ou num guerreiro ninja, dentro de um enorme espectro de estilos artísticos: *airbrush fantasy*, DC Comics, Anime, até *Os Simpsons*, e muitos outros. E, claro, eles vão dar a você um corpo incrível e talvez até o coloquem num cenário de sua escolha.

Use essa imagem na sua página do MySpace, Orkut ou Facebook, e observe-a, enquanto estiver conectado, com uma atitude de confiança e segurança, que combine com a sua nova autoimagem. E certifique-se de que seu perfil, seus interesses pessoais e outros dados não mencionem baixas no astral ou atitudes ruins; tome cuidado para não cair em provocações ou bate-bocas nas suas discussões pela internet. Faça da sua persona *on-line* uma identidade positiva, porque ela vai ser o seu carro abre-alas no esforço de criar uma nova identidade e, com o tempo, fazer desabrochar o seu novo "eu".

SAÚDE É O QUE INTERESSA

Usar a lei da atração permite, sem sombra de dúvida, que você mude aspectos do seu corpo e de sua aparência, de maneira positiva ou negativa. Portanto, logicamente, você também pode aplicar isso à sua saúde, como os gênios da medicina estão começando a perceber.

Acompanhe o raciocínio: cada pensamento seu e cada emoção ligada a esse pensamento liberam elementos químicos pelo seu corpo. Pensamentos positivos geram uma química positiva, que funciona como um estimulante incrível. Pensamentos negativos geram uma química negativa, e isso funciona mais como um *anti*estimulante. Você conhece gente que chegou a ficar doente de tanta preocupação, não é? Isso ocorre porque quando você tem pensamentos negativos continuamente o estresse cria químicas negativas no seu corpo, e essa química negativa afeta, e muito, o seu sistema imunológico. O resultado inevitável é que você atrai doenças e mal-estares.

Isso porque a doença vem do estresse, e o estresse começa com um único pensamento negativo. Pode ser algo simples, como: "Está tendo uma onda da gripe... espero que eu não fique gripado." Então, esse pensamento fica em suspenso, ou se desenvolve em algo do tipo: "Estou me sentindo meio esquisito... espero que não seja um resfriado." E, então, outro pensamento: "Como vou estudar para as provas se ficar resfriado?" E, aí, "Como vou passar nas provas se não estudar?" E, finalmente, "Como vou entrar na faculdade se for reprovado nas provas?"

Então, um pensamento se desenvolve, e aí outros pensamentos são atraídos, e mais outros, até que o estresse se manifeste no seu corpo. O efeito é a doença, mas a causa é o pensamento negativo e o medo, e tudo começa com um pequeno pensamento. Mas é claro que você pode usar isso em seu benefício, escolhendo concentrar-se em pensamentos de uma saúde perfeita. E você vai atrair uma saúde perfeita.

NÃO REFORCE A DOENÇA

Outra coisa que as pessoas fazem quando têm uma doença é falar sobre ela com quem se preste a ouvir. Elas fazem isso porque estão *pensando* constantemente nela — estão apenas verbalizando os seus pensamentos. Mas olhe só: se você está se sentindo um bagaço, não fale a respeito, a não ser que queira se sentir um bagaço maior ainda. Aceite que os seus pensamentos iniciais foram bastante responsáveis por atrair a doença e que estão na origem dela. OK, foi um erro seu, mas supere-o, deixe-o para trás. Então repita isso mentalmente, o mais frequentemente possível: "Eu me sinto ótimo. Me sinto superbem", com sinceridade. *Sinta*-o realmente.

Se a sua saúde não estiver lá muito boa e alguém lhe perguntar como anda se sentindo, não conte. Nunca, nunca diga "Estou doente". Isso seria como se você se definisse pela doença. É como se você se apresentasse como sendo a sua doença: "Oi, prazer em conhecer, eu sou Garganta Inflamada."

Isso não é o que você é. Isso é somente o que uma parte de você está sentindo no momento atual. Falando sério, pense no que atrai quando diz alto e bom som: "Estou doente." Mais doença, claro.

TENHA ALERGIA A ISSO

As alergias são a mesma coisa. Muitas pessoas ficam alérgicas como quem segue a moda da estação. A cada primavera, um visual novo. Só que esse visual é impulsionado pelo meteorologista, que diz que tem muito pólen no ar naquele dia. E é aí que o seu novo visual aparece: olhos vermelhos e inchados, espirros e nariz vermelho, escorrendo os mais variados mucos. Não chega a ser alta moda, não é?

Por isso, ignore as alergias e as doenças, e só diga as palavras que você deseja. E se alguém perguntar: "Tudo bem?", você responde: "Maravilha. Eu tô ótimo. Cara, eu tô vivendo o meu sonho." Porque é isso que você quer.

REPITA PARA SI MESMO

Outra coisa: você também pode atrair doenças se estiver com um amigo que anda reclamando de sua própria doença. Ao ouvi-lo, você abre o seu pensamento e focaliza na doença do seu amigo, e, ao abrir seu pensamento para algo, você pede a mesma coisa. Então, adivinha? Você pode atrair a doença dele para você. E, com toda a certeza, não estará ajudando o seu amigo — você está acrescentando energia à doença dele.

Se você quer *mesmo* ajudar essa pessoa, mude o diálogo para coisas legais, coisas saudáveis, coisas que afirmem a vida, coisas de bem-estar — se puder. Se não puder, saia correndo. Ao se afastar, concentre seus pensamentos e sentimentos poderosos e toda a sua vibração no sentido de ver o seu amigo bem — e vá cuidar da sua vida.

"O segredo para a boa saúde, tanto da mente quanto do corpo, não é lamentar o passado nem se preocupar com o futuro, mas viver o momento presente com sabedoria."
Buda — mestre espiritual

O MÉDICO SABE DAS COISAS

Com o conhecimento médico no estágio em que está hoje em dia, você seria louco se não se aproveitasse os conselhos do seu médico, sobretudo se atraiu alguma doença chatinha para dentro do seu corpo. Porém, de vez em quando, surge um caso clínico que deixa os médicos queimando os neurônios — o que prova o imenso poder da mente sobre a matéria.

HERÓIS

Frank Capra

Nos velhos tempos da era de ouro de Hollywood, o famoso diretor de cinema Frank Capra tinha acabado de ganhar o seu primeiro Oscar, mas estava superestressado, sem saber como permanecer à altura de toda aquela expectativa em torno dele. Ele simplesmente teve vontade de abandonar tudo e se mandar, mas tinha um contrato para mais dois filmes com a Columbia Studios e teve que cumprir as obrigações. Ou será que não? Capra bolou que, se ele ficasse doente, o estúdio não poderia obrigá-lo a trabalhar. E foi isso que ele fez, fingindo estar doente, enganando os médicos e ficando em casa à toa. Claro que o estúdio e os médicos não o deixaram em paz. Mandaram fazer todo tipo de exames e chegaram a um resultado surpreendente: febres cada vez mais altas e uma horrível mancha num pulmão. A princípio, Capra achou graça do diagnóstico: tuberculose, pneumonia ou uma doença desconhecida. A graça se transformou em preocupação quando ele começou, de fato, a sentir os efeitos da doença. Parecia que todos aqueles pensamentos de doença estavam, realmente, deixando-o muito doente, e ele se viu de cama e, praticamente, às portas da morte.

Um dia, acamado, Capra recebeu uma estranha visita de um homem baixinho... alguém que ele nunca tinha visto antes. Ele pediu que Capra ouvisse, no rádio, o discurso cheio de ódio de Hitler. Então repreendeu Capra por não usar sua própria voz para falar às centenas de milhões de espectadores de cinema, que se inspiravam com seus filmes. Aquilo era uma afronta covarde contra Deus, disse o homenzinho — recusar-se a usar seu talento natural. Sobretudo quando o mundo realmente precisava do seu tipo de esperança e entusiasmo, devido a toda a agonia, ao sofrimento e boatos sobre uma guerra mundial. Capra ficou tão envergonhado que teve que agir. Fez um enorme esforço, saiu da cama, e quis ficar bom.

Frank Capra ganhou o segundo Oscar um ano depois de seu retorno, e um terceiro, dois anos depois, na fase mais criativa que um cineasta já teve na história de

Hollywood. E ele nunca mais perdeu um dia de trabalho por conta de doença.

A moral da história é que, com o poder da mente, é possível você se tornar cronicamente doente. Mas também é possível superar a doença. Frank Capra conseguiu fazer as duas coisas.

Se você estiver nessa situação, ou se estiver mesmo doente, a primeira providência a tomar é fazer a coisa mais inteligente e procurar um médico. Deixe os profissionais da medicina fazerem o que têm que fazer, enquanto você cumpre sua parte do trato. Entenda que o seu próprio poder de influência e até de cura reside na mudança imediata dos seus pensamentos. E todos — pouco importa o grau da doença crônica que tenham atraído — podem escolher mudar seus pensamentos... ***AGORA***.

Milagres acontecem; isso é um fato. Você não acredita em mim? Olhe só.

- O campeão de ciclismo Lance Armstrong foi diagnosticado com câncer nos testículos, que se espalhou para pulmões e cérebro. Seu médico disse que ele teria sorte se sobrevivesse, e que nem valia a pena falar em voltar a correr. Mas Armstrong estava decidido a lutar, não só a sobreviver. Ele optou por um tratamento radical e exercícios intensivos, que levaram-no a competir em apenas poucos meses, o que culminou em sete vitórias consecutivas no Tour de France.

- O jogador de futebol australiano Jason McCartney, do Australian Rules, foi vítima dos ataques a bomba de Bali, em 2002, sofrendo ferimentos de estilhaço e queimaduras de terceiro grau em até 50 por cento do corpo. McCartney ficou em coma durante uma semana e recebeu a extrema-unção depois que os médicos acharam certa noite que ele poderia não sobrevier. McCartney se recuperou, e realizou o seu sonho de casar, dois meses mais tarde, e, em seguida, teve um retorno triunfal ao futebol na temporada seguinte.
- Halle Berry, atriz ganhadora do Oscar e do Emmy, foi diagnosticada com diabetes depois de desmaiar num estúdio de gravação. Berry logo recebeu o prognóstico de uma vida como dependente de insulina. Mas, por meio de uma combinação rigorosa de dieta e estilo de vida, Berry está com uma saúde normal.

Claro que todas essas pessoas famosas tiveram acesso aos melhores recursos médicos, que ajudaram a otimizar as condições com que estavam lidando. Mas outro recurso vital estava dentro de suas cabeças.

E o mesmo ocorre com você. Não importa o estado em que se encontra, você tem que conseguir *imaginar* o caminho para a saúde perfeita. Independentemente da doença que possa ter se manifestado no seu corpo, independentemente do diagnóstico, você pode ajudar a mudar isso, pode atrair uma saúde melhor com o poder da mente, por meio de pensamentos positivos constantes.

E, com esses pensamentos consistentes, você tem que se concentrar exclusivamente no bem-estar. Você não pode pensar em lutar contra a doença ou em superar a adversidade, ou em vencer o estado atual. Porque a lei da atração lhe dá exatamente aquilo em que está pensando: mais luta, mais doença, um estado mais crítico.

O MÉDICO TRATA; A NATUREZA CURA

Mas não se esqueça: isso não significa que você pode dispensar a opinião do seu médico ou rejeitar a medicina. Porque a mente e a medicina, usados conjuntamente, são o método de cura mais formidável — é um esforço de equipe. Sobretudo se você estiver lutando contra algo grande, a medicina pode ajudá-lo a lidar com as dores extremas e outras complicações, outros sintomas e efeitos colaterais. Quer seja com remédios, tratamentos, cirurgias ou outros, a medicina ajuda a eliminar as distrações relativas à doença a fim de que você possa fazer a sua parte, ou seja, concentrar seus pensamentos e sua energia numa saúde e num bem-estar perfeitos. E isso permite que o seu corpo faça exatamente o que ele foi concebido para fazer: curar a si mesmo.

E, francamente, é tão fácil curar uma doença quanto uma espinha. O processo é idêntico; a única diferença está na sua cabeça. Por isso, se você *de fato* tiver atraído para si mesmo algum mal físico chato, reduza-o mentalmente ao tamanho de uma espinha, abandone qualquer pensamento negativo e, aí, concentre-se na saúde perfeita.

*Acredito e sei que nada é incurável. Em algum momento ao longo dos tempos, toda doença dita incurável foi curada. Na minha concepção, e no mundo que eu crio, o "incurável" não existe... No meu mundo, "milagres" são acontecimentos cotidianos. É um mundo transbordante de total abundância, onde **todas** as coisas boas existem agora, dentro de você. Parece com o paraíso, não é? E é.*

Rhonda Byrne

O SEGREDO

O DOM DA VIDA

A vida é um dom verdadeiramente espantoso, que deve ser preservado com carinho. Se você ficar esperto e aprender a gerar pensamentos positivos sobre si mesmo, atrairá para o seu corpo e a sua vida: boa saúde, bem-estar e abundância. E como o nosso velho companheiro Buda disse certa vez: "A saúde é o maior dos dons." Então, preserve o dom da saúde — e o dom da vida.

HISTÓRIAS REAIS

O Segredo de Sam

Tudo começou na minha aula de carpintaria. Era o início do verão e as aulas estavam quase acabando. Eu estava usando uma máquina lixadeira para terminar uma mesa em que eu vinha trabalhando. Bom, a madeira que eu estava lixando quebrou e pulou, de repente, das minhas mãos, o meu dedo indicador e parte do meu polegar da mão direita entraram em contato direto com a máquina e o meu dedo foi atingido. Não perdi o dedo, mas a lixadeira entrou até o osso. Quando cheguei ao hospital, me disseram que o dedo não poderia ser costurado e que ele simplesmente teria que cicatrizar até "voltar ao normal".

Bem, algumas semanas depois, eu não conseguia sentir direito o dedo, e os médicos me disseram que eu poderia perder todo o tato, definitivamente. Perguntei se isso me atrapalharia a tocar violão, e um médico meio que riu e falou: "Primeiramente, você tem muita sorte de ainda estar vivo — você perdeu quase meio litro de sangue. Mas você nunca mais vai poder tocar violão na vida — e nem mexer o dedo normalmente." Eu fiquei arrasado, porque ADORO tocar violão e cantar. Mas eu não acreditei nele... e, a partir daí, passei a me imaginar, sempre, tocando violão de novo. E eu tentava, e tentava novamente, e, durante algum tempo, não houve jeito.

Mas não desisti. Para poder mover o dedo, eu colocava a mão dentro da água quente, até o curativo sair. Mas a casca do ferimento estava sempre colada no curativo, e eu tinha que arrancar, lentamente, a casca. Eu fiz isso todos os dias, três vezes por dia.

E, quando eu conseguia tirar o curativo, eu mexia o dedo, fechava os olhos, visualizava todo o meu dedo, e eu voltando a mexê-lo sem qualquer problema, nem dor.

Fiquei fazendo isso todos os dias, durante dois meses e, depois pude ir mexendo o dedo cada vez mais, e podia sentir o movimento sem dor. Depois disso, peguei o violão e, todos os dias, eu treinava um pouco e me visualizava tocando sem problemas. E, dois meses depois, eu tinha voltado a tocar violão e estava reconstruindo a parte do músculo que tinha sido arrancada.

Agora, quase um ano depois, posso tocar superbem, até com a cicatriz.

O tato voltou integralmente ao dedo. Meu médico disse: "Estou pasmo que você possa sentir o dedo de novo." Sou muito agradecido por ser capaz de sentir e de tocar novamente. A música é a minha vida, e graças ao Segredo, *ela ainda está na minha vida.*

Sam, 15 anos

Wisconsin, EUA

O MAPA SECRETO DA MINA

Não importa o seu estado de saúde atual, não importa se você não está bem ou se está simplesmente fora de forma, pense em todas as coisas que consegue fazer fisicamente, e todas as coisas que curte fazer, e, aí, pense nas coisas que você poderia fazer melhor. Talvez, você possa ter mais saúde, ou talvez queira ter uma condição física melhor, ser mais rápido ou mais forte, ou talvez queira ter mais resistência — correr, jogar, competir, dançar, cantar, ficar na balada a noite toda.

Imagine-se fazendo isso: correndo, jogando, dançando ou cantando a noite toda. Visualize-se em plena ação — as imagens, os sons, os odores. Sinta as sensações desde o interior dos seus membros e fibras musculares, até a sua pele e as extremidades nervosas, sinta os arrepios. Seja essa pessoa na sua mente, corporifique essa experiência. Veja-se forte, veja-se poderoso, veja-se perfeito. E, com esse estado mental, você vai poder mandar muito bem.

GRATIDÃO

Para começar, você pode querer agradecer pela força, pela condição física, pela resistência e pelo bem-estar geral para fazer o que você quer fazer e ser o que quer ser. Agradeça por viver o seu sonho.

VISUALIZAÇÃO

Aproveite seus conhecimentos de Photoshop, ou pegue tesoura e cola, e corte e cole o seu próprio rosto no corpo sarado de algum ídolo que você curta ou quem quer que considere um exemplo físico ideal.

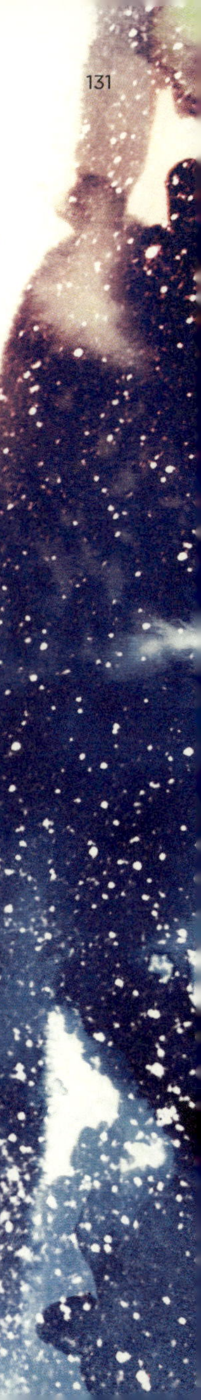

PEÇA, ACREDITE, RECEBA

Peça por bem-estar, boa forma, resistência e força. Acredite que esse sonho é um direito seu, por nascença, e que somente os seus pensamentos e crenças anteriores de limitação podem lhe negar uma saúde perfeita. E, para receber o seu sonho, simplesmente relaxe e permita o fluxo natural de bem-estar. Não fique se pesando constantemente e obsessivamente, nem se medindo, nem checando a sua pressão, nem o colesterol, nem seus batimentos cardíacos, nem sua velocidade no *jogging*, nem outra coisa qualquer que qualifique o seu sucesso ou o seu fracasso. Apenas abra-se à boa saúde e ao vigor. Acredite no seu bem-estar e na vida, como se isso já estivesse no papo.

Uma pessoa sábia disse, certa vez: "Se você não tiver saúde, você não tem nada." Bom, agora você sabe que a saúde está inteiramente nas suas mãos, nos seus pensamentos e na sua mente. E isso significa que você tem poder sobre tudo — seu corpo, seu bem-estar, sua vida —, e tudo isso porque você tem ***O SEGREDO***... para a saúde.

O SEGREDO
PARA O MUNDO
VERDE QUE TE
QUERO VERDE

Quando a maioria das pessoas pensa no mundo ao seu redor, em vez de ficarem alegres e animadas com todas as coisas incríveis, elas dirigem sua energia para as coisas "ruins": pobreza, guerras, fome, poluição. Elas veem essas coisas ruins rolando e se alimentam delas — literalmente. Elas se informam sobre algum acontecimento trágico, com todos os detalhes, e deixam que ele as corroa por dentro. E, nesse estado de depressão e ansiedade, elas assumem o sofrimento como uma espécie de cruzada, como se fosse sua responsabilidade pessoal evitar que essas coisas horríveis aconteçam. E você pode estar pensando: "E não é?"

OK, o lance é o seguinte: você não pode sair por aí assumindo total responsabilidade por todas as tragédias do mundo. Você não pode colocar tudo isso nas suas costas. É justo dizer que todos temos alguma responsabilidade; todos contribuímos para que o mundo seja o que ele é. Mas, por outro lado, você não vai, de jeito nenhum, *ajudar* o mundo ficando estressado e dando atenção integral a todas as coisas ruins. Sobretudo se isso o deixa para baixo. Porque, ao fazer isso, por meio da lei da atração, você está, na verdade, aumentando o problema. Ele cresce na medida em que você dá atenção a ele!

Por exemplo, você pode estar preocupado com a situação do meio ambiente. Então, você se concentra em todas as árvores que estão sendo derrubadas. Você se estressa com todas aquelas árvores desaparecendo e com o efeito disso sobre o ecossistema. Mas o seu foco e a sua atenção nessas árvores sendo derrubadas faz com que mais árvores, e florestas inteiras, sejam cortadas. É como se os seus pensamentos tivessem se transformado numa imensa serra elétrica rodopiando enlouquecida em plena Amazônia!

"Aquilo a que você resiste, persiste."
Carl Jung — psiquiatra

Assim, você não pode se permitir ficar todo estressado com as coisas ruins do mundo, porque, francamente, não vai ajudar. Você tem que evitar prestar atenção às coisas ruins, e, sem sombra de dúvida, deveria pensar duas vezes antes de participar de algum protesto. Mesmo que seja contra o aquecimento global ou a pobreza, a fome, ou o terrorismo, uma guerra ou qualquer coisa do gênero. Porque você só está atraindo mais disso.

Falando sério. Pense nisso.

GUERRA E PAZ

Vamos pegar um protesto contra a guerra como exemplo. OK, todo o mundo concorda que guerra não está com nada, não tem nada a ver, nem tem o que discutir. Mas, quando você protesta contra a guerra, muito provavelmente você está rejeitando a guerra, resistindo à guerra e detestando a guerra com a intensidade e a vibração que os protestos costumam gerar. E é por isso que os protestos frequentemente ficam violentos. Até a resistência passiva de Mahatma Gandhi e de Martin Luther King acabaram em atos de violência extrema. Isso ocorre porque a resistência à violência cria uma atração extremamente poderosa para mais violência. Um enfoque tão intenso na violência só pode atrair mais violência — porque aquilo que você pensa você concretiza.

Mas *existe* uma outra maneira. Você *pode* criar uma alternativa à violência sem atrair mais violência. Basta ter coragem para sair do meio da multidão. Considere que a força não reside necessariamente em grandes números de pessoas ou na força bruta, mas no poder de se aplicar a mais poderosa lei do Universo. E, quando você acredita nisso, você constata que tem mais influência para mudar o mundo do que jamais imaginou.

"O mundo que criamos é produto do nosso pensamento; ele não pode ser mudado sem que mude o nosso pensamento."

Albert Einstein - físico

É um traço fundamental da lei da atração: concentre-se no que você quer, não no que não quer. Para fazer isso, você vai ter que resistir à vontade de participar de reuniões de protesto com milhares de outras pessoas iradas e desencantadas. Porque, como você bem sabe, elas estão todas atraindo exatamente o que não querem.

O POVO UNIDO JAMAIS SERÁ VENCIDO

Inversamente, você pode escolher usar ***O SEGREDO***, e pode liderar o caminho, atraindo exatamente o que você *quer*. Concentre todos os seus pensamentos, poder e energia no que você deseja, quer seja a paz, a boa vontade, a liberdade ou a prosperidade para todos. O que quer que seja, você vai atingi-lo sem qualquer resistência, agressão ou violência — frequentemente associadas aos protestos.

Voltemos ao filme *Hairspray*. A certa altura, Tracy fica toda irritada por causa da segregação racial na televisão. Ela participa de um protesto, acaba agredindo um policial e se torna uma fugitiva da lei. De repente, ela causou mais dano à causa do que ajudou. Tempos depois, ela acaba se redimindo, ao vivo na televisão, ao reunir negros e brancos na grande dança final, resolvendo todas as tensões raciais dentro da melhor tradição hollywoodiana do final feliz. Note como uma celebração de dança triunfa onde um protesto violento fracassa.

"Você tem que ser a mudança que você quer ver no mundo."
Mahatma Gandhi – *líder espiritual*

Na vida, se você quer ver o mundo mudar, você tem que imaginar que ele já existe exatamente da forma como você quer que seja. Imagine a Terra coberta de incríveis florestas virgens, litorais e praias de tirar o fôlego, e oceanos azuis e cristalinos. Ou veja as pessoas festejando por todo o mundo, celebrando o ano todo, ou, talvez, uma década de paz, harmonia, boa vontade, cooperação e amizade globais, para toda a humanidade. Ou cada homem, mulher, menino e menina ao abrigo aconchegante de uma casa confortável, com muita comida e todo o dinheiro de que precisam, agora e para todo o sempre. Não seria incrível? Imagine gente como você, feliz e contente, em paz, vivendo em prosperidade. Imagine a perfeição em tudo o que você vê, em todos os caminhos da vida, por todo o mundo.

POTENCIALIZE

Através do poder da sua vibração e das suas melhores intenções, você vai atrair mais pensamentos e mais pessoas que pensam exatamente como você. Em breve, os seus pensamentos e sentimentos terão ajudado a dar forma à maneira de todos pensarem, e a lei da atração vai acabar atraindo esse mundo perfeito de paz, felicidade, abundância e natureza para a realidade.

Quanto às coisas ruins sobre as quais você ouve e que estão acontecendo por todo o mundo, como guerras e terremotos, fome ou coisa ainda pior, em vez de se deixar abater e ficar para baixo com isso, o que o leva a aumentar o problema, você pode reservar algum tempo para enviar o seu amor e pensamentos de bem-estar, paz, e abundância para todos os afligidos.

Você não cria apenas a sua vida com os seus pensamentos, os seus pensamentos cooperam poderosamente na criação do mundo. Se você achava que era insignificante e que não tinha nenhum poder nesse mundo, reflita bem. Sua mente está, na verdade, dando ***forma*** *ao mundo ao seu redor.*

Rhonda Byrne

O SEGREDO

Ora, isso pode soar assustador, uma enorme responsabilidade. Apenas lembre que coisas ruins podem acontecer de qualquer maneira — coisas a que resistimos, coisas que não queremos que aconteçam. E nós aumentamos essas coisas e as tornamos piores quando focalizamos toda a nossa energia nelas. Mas temos, sim, o poder de mudar essas coisas ruins, concentrando nas coisas boas, nas coisas que realmente queremos que aconteçam. Quando fazemos isso, mudamos o mundo. Não é legal?

HISTÓRIAS REAIS

O Segredo de Penelope

Tenho vivido conscientemente a lei da atração desde que tomei conhecimento dela, aos 19 anos. Viver essa lei universal já me levou a muitos lugares e me proporcionou muitas experiências. Testemunhei a devastação e a derrubada de florestas nativas antigas na Tasmânia e em Victoria. Fiquei desiludida com as campanhas "antiderrubadas", que só as aumentaram, porque estávamos concentrados no que não queríamos e conseguimos mais derrubadas ainda.

Recentemente, me envolvi numa campanha de proteção ao meio ambiente, só que, dessa vez, com a aplicação da lei da atração. Criei um projeto que resultou na transformação da atitude de toda uma comunidade.

O Grupo de Coordenação de Salvação do Rio Mary vinha fazendo campanha para impedir que o governo construísse um dique no rio, na costa Sunshine Hinterland, em Queensland, e vinha distribuindo adesivos e cartazes escritos "NÃO AO DIQUE", por toda a área em volta.

Estando a par do modo de funcionamento da lei da atração, e que as pessoas no vale do Mary estariam atraindo mais DIQUE ao insistirem nessa mensagem, eu sabia que uma mensagem nova e positiva era necessária. Juntos, desenvolvemos uma mensagem nova e inspiradora: "RIO MARY PARA SEMPRE" — uma afirmação clara que anuncia exatamente o que queremos!

Nas audiências das investigações do Senado, em Brisbane, não havia nenhum cartaz escrito "NÃO AO DIQUE", o que resultou numa grande cobertura da mídia, em todos os principais canais e jornais! Agora, as pessoas por toda a costa Sunshine abraçaram o conceito, e dois novos adesivos foram criados: "RIO MARY PARA SEMPRE" e "EU AMO O MARY" — que estão sendo atualmente colados nos carros por toda a parte!

O resultado desse projeto foi o surgimento de uma positividade na comunidade, um sentimento renovado de esperança, e muitas pessoas já comentaram como a nova mensagem é maravilhosa e como estão felizes por estarem apoiando a campanha. Isso está criando uma diferença enorme na atitude das pessoas. Em vez de ficarem desesperadas com a situação, elas estão se sentindo mais positivas e inspiradas.

Minha intenção é que esse conceito seja aplicado a projetos ambientais e comunitários de maneira global. Diante do aquecimento global, da poluição e da devastação de florestas preciosas, é necessária uma mudança global na consciência, para que as pessoas entendam que nós podemos desfrutar de uma maravilhosa qualidade de vida e desfrutar do nosso mundo natural. Uma mudança global na consciência levaria as pessoas a se concentrarem no tipo de mundo que realmente querem criar para suas famílias e comunidades e para as futuras gerações.

Penelope

Queensland, Austrália

A FALTA DE NOTÍCIAS É UMA BOA NOTÍCIA

Se, por acaso, você ler os jornais ou assistir ao noticiário da televisão, pode ficar tentado a pensar que o mundo é um lugar bastante hostil e perigoso para se viver. Olhe só: todas as noites, milhões de pessoas ficam vidrados na televisão, enquanto um casal de apresentadores, que parecem a Barbie e o Ken em tamanho natural, despeja detalhes sobre o mais recente desastre natural, conflito mundial ou escândalo de crime violento. Sinistro. Muito mais assustador do que qualquer coisa que o Stephen King tenha imaginado.

A verdade é que essas más notícias não são um reflexo fiel do que está realmente acontecendo. Pense bem: seis coisas ruins acontecem no mundo, num dia, e um milhão de coisas boas acontecem. O que vai para o noticiário? As seis coisas ruins, claro. E eles tentam convencer você de que é só isso. Essas são as notícias. Aí, as pessoas ficam com medo e atraem mais histórias reais de horror para as suas vidas, o que, então, alimenta as notícias... e o ciclo continua.

Mas por que a mídia faz isso? Por que ela despeja o lado hostil do Universo? Porque o que assusta, vende. Pergunte ao Stephen King. É uma diversão; é *show business*, e as redações de noticiários de televisão estão apenas respondendo ao que elas pensam ser o desejo de sua audiência. E quem pode culpá-las? Os índices de audiência das emissoras de televisão sobem à estratosfera todas as vezes que uma coisa ruim acontece. Então, é claro que todas as redações de noticiário, por todo o mundo, respondem concentrando em mais notícias ruins. E nós continuamos assistindo. Não é culpa da redação do noticiário, é a lei da atração — nós atraímos isso.

SAIA DESSA, MUDE O CANAL, MUDE O FOCO

Então, se você não gosta de notícia ruim, o que pode fazer a respeito do problema? Mude o canal. Simples assim. Você não precisa assistir, e não existe nenhuma lei que o obrigue a isso. Se você não se sente bem com aquilo, desligue a televisão. Isso não faz de você, necessariamente, um alienado, só porque se recusa a aderir à vibração.

Invente outra coisa para fazer durante o programa. E você vai descobrir que os noticiários da TV vão reagir apresentando algo leve, para trazê-lo de volta, talvez até umas boas notícias. E isso cria uma vibração boa, criando mais histórias boas, e o mundo vai ficar muito, muito mais legal com isso.

Lembre-se de que o que você escolhe como foco de atenção sempre cria o que vai acontecer na sua existência. E se o que você escolher enfocar for, por acaso, um Universo mais pacífico, alegre e amistoso, então, tudo vai melhorar.

Lembre-se sempre de pensar naquilo que parece bom para você. Ou seja, se alguém tentar deixar você se sentindo culpado por causa de uma guerra, da pobreza, ou de outra questão vital, e esse sentimento de culpa não lhe fizer bem, não deixe que ele se instale.

CUIDADO COM OS RICOS E FAMOSOS

Isso é particularmente verdadeiro para as celebridades envolvidas em cruzadas. Você já reparou que os ricos e famosos têm as suas guerrinhas preferidas, e colocam seus rostos na TV, e nós temos que ouvir tudo o que eles contam? OK, talvez essas questões sejam *mesmo* importantes, mas pare e pense um pouco. Ao colocarem sua energia e emoção no problema, são grandes as chances de que essas celebridades se tornem parte do problema. Isso não significa que você tenha que ser parte do problema também.

O fato é que uma boca pode dizer qualquer coisa — sobretudo se for famosa. Então, é importante não pegar o bonde andando, só porque uma celebridade lhe diz para pegar. Você tem que resolver por si mesmo; então, informe-se. Depois que você tiver conseguido avaliar a questão, e se for algo que o motive realmente, então, tudo bem, se envolva. Mas não proteste, não acrescente energia ao problema. Saia da correnteza e torne-se parte da solução.

Mas, sejamos justos, algumas celebridades entenderam o "x" da questão e merecem respeito pelos seus feitos altruístas e sua filantropia. Em outras palavras, elas são lendas pelo que fazem, não pelo que dizem. Sobretudo quando estão enfocando coisas boas da vida. Por exemplo, você talvez queira reconhecer os méritos de:

- Justin Timberlake, cuja fundação promove educação musical para crianças.
- Mariah Carey, cujo programa de colônia de férias pretende inspirar e expandir opções de carreira para adolescentes urbanos.
- Tiger Woods, cujo Centro de Aprendizado busca ajudar crianças por meio da educação e da cultura.
- Oprah Winfrey, que construiu do zero uma escola para meninas pobres da África do Sul, para que se tornem as próximas líderes de seu país.

Esses são verdadeiros heróis, que usam seus recursos para atrair mais abundância, mais bem-estar e mais felicidade no mundo.

CORRAM ENQUANTO AINDA TEM NO ESTOQUE

E é crucial que celebremos a abundância, porque muita gente fica entristecida com a dita limitação dos recursos do planeta — a de não haver coisas suficientes para todos. Há anos vêm nos dizendo que o petróleo está acabando, ou que não tem comida ou água suficiente, ou qualquer coisa de que precisamos ou que queremos. Todo o mundo engoliu essa ideia, e é ela que está por trás de metade das guerras no mundo. Ela deixa as pessoas avarentas e temerosas, ciumentas do que possuem, recusando-se a compartilhar e, em alguns casos, roubando dos vizinhos.

E é por causa desse medo, também, que as pessoas encucam quando acham que, se todos no planeta usarem ***O SEGREDO***, estaremos todos correndo um perigo catastrófico. Elas acham que se todos puderem ser, fazer ou ter o que quiserem, o planeta pode se desintegrar.

Bom, temos que nos deter numa ou duas coisinhas.

NEM TODOS CURTEM O BLING

Antes de mais nada, todos são únicos e originais. Todos têm sonhos diferentes, interesses diferentes, paixões diferentes. Alguns gostam de demonstrações de riqueza e gastos consumistas mais ostentatórios — como andar por aí dentro de um carrão cheio de opções de luxo, se cobrindo de ouro 24 quilates ou seguindo a moda de alta-costura da próxima estação.

Mas outros têm interesses mais modestos. Como viajar pelo mundo de mochila nas costas ou celebrar a natureza. Ou boa comida, ou boa música, ou ficar de bobeira na praia.

Por isso, não tem razão nenhuma para grilar, porque, enquanto as pessoas por todo o mundo permanecerem únicas e diversas, com sonhos diferentes, desejos diferentes e aspirações diferentes, jamais haverá falta ou limitação. E, enquanto você acreditar que todos podemos ter, fazer ou ser qualquer coisa, e que criamos o que queremos por meio da atração, você estará ajudando a criar um fim a toda inveja, ganância, avareza, cobiça e medo de passar necessidade. Porque, se você tem tudo aquilo de que precisa, e se você realmente quer o que lhe cabe, então, nunca terá que parar para pensar no que o seu vizinho tem.

"Aqueles que são malucos o suficiente para pensarem que podem mudar o mundo são os que podem."
Steve Jobs — cofundador da Apple Inc.

E outra coisa legal sobre estoques e limitações é que os seres humanos são geniais. Sério, sempre que o mundo enfrenta um desafio, algum crânio usa recursos mirabolantes da ciência e da tecnologia, e engenhosidade, para lidar com ele. Alguém desenvolve novas técnicas de cultivo agrícola ou inventa fontes de energia limpas e renováveis. Porque, quando a necessidade e o desejo são grandes, nós atraímos a solução e seus caminhos.

E isso se deve em grande medida ao ***SEGREDO***: quando estamos à altura do que desejamos, só precisamos PEDIR e ACREDITAR. E, graças à lei da atração, o Universo funciona por meio de algum gênio da informática, e, de repente, todos RECEBEMOS.

Existe realmente um potencial ilimitado de tudo o que você possa querer. Lembre-se de que tudo no Universo é energia, e que a energia não pode ser criada nem destruída — ela simplesmente se transforma em outras formas de energia. Assim, a energia nunca acaba. Ela só fica à espera de ser transformada naquilo que você deseja.

E mesmo que todo o mundo fique em sincronia com seus desejos, se todos quiserem exatamente a mesma coisa, o Universo vai descobrir um caminho para transformar a energia e fornecer os recursos, para que *todos* RECEBAM seus desejos.

> *Você está aqui, nesse glorioso planeta, tocado por esse poder maravilhoso de criar a sua vida! Não há limites para o que você pode criar para Si Mesmo, porque a sua habilidade para pensar é ilimitada!... O Universo oferece* ***todas*** *as coisas a* ***todas*** *as pessoas por meio da lei da atração. Você tem a habilidade de escolher o que quer vivenciar. Você quer que haja o bastante para você mesmo e para todos? Então, faça essa escolha e saiba que "Existe abundância de todas as coisas". "Existe um estoque ilimitado de tudo." "Existe tanta magnificência!" Todos temos a habilidade de nos ligarmos a esse estoque ilimitado e invisível por meio de nossos pensamentos e sentimentos, e de trazê-lo para dentro de nossa vivência. Por isso, escolha por Si Mesmo, porque você é o único que pode fazê-lo.*
>
> Rhonda Byrne
>
> **O SEGREDO**

HISTÓRIAS REAIS

O Segredo de Yoshimitsu

Homem: linda criação de intermináveis possibilidades, enquanto resultado de uma mente, elaborado por meio de zilhões de possibilidades moleculares e de mudanças no Universo. Eu nunca tinha entendido isso tão bem até agora. A repetição, pelo Universo, da lei mais importante — que nos une a todos — é a mais visível dentre todas. Como o ímã atrai, como a gravidade mantém os planetas coesos e como um beijo no ser amado os une mais, nosso Universo nos acolhe em seus braços calorosos.

Às vezes, olho para as muitas coisas à minha volta e choro de felicidade, e, às vezes, deixo oferendas para a Terra, em agradecimento à Grande Mãe pelo dom tão maravilhoso que ela nos permite ter. Enquanto residirmos em seu ventre e, sempre me pergunto, quando tivermos deixado esse mundo, que lindas coisas receberemos então?

Yoshimitsu, 13 anos

Virgínia, EUA

O Universo é incrível, sem sombra de dúvida, e os seus pensamentos e a sua vibração são parte importante na sua criação.

Visualize isso: o Universo é como um enorme muro de concreto, e os melhores artistas do grafite se reúnem para colaborarem juntos num imenso mural sobre a Terra, cada artista usando suas tintas e sprays de acordo com seu próprio fluxo, mas cada qual acrescentando uma parte à visão da Terra, acrescentando algo à sua criação. E acabaram de jogar uma lata de spray na sua mão. O que você vai pintar? Algum ato de vandalismo que destoa da visão dos outros artistas? Ou você vai se afirmar e criar a sua própria obra-prima, a sua visão inspiradora do Planeta Terra?

Você decide.

Bom, isso é pra valer: esqueça a lata de spray, esqueça o muro grafitado. Os seus pensamentos e sentimentos participam da magnificência e da beleza, ou da destruição e do vandalismo do planeta, da mesma maneira que você participaria do mural. Se você for ousado e imaginativo com seus pensamentos e sentimentos, vai trazer à tona beleza e magnificência. Mas se for descuidado e cínico no que pensa e em como sente, pode até bloquear o mural sobre a Terra, por inteiro, empatando toda a criatividade de quem contribuiu antes de você.

Ora, você provavelmente achava que era pequeno e impotente nesse vasto e grande planeta. Você não é impotente; na verdade, você tem poder total! Como qualquer artista, você cria perfeição na sua vida e no planeta Terra com seus pensamentos e sentimentos. Simplesmente sinta o bem e você criará o bem. Sinta amor, seja grato e tenha fé em que tudo no planeta Terra pode ser, e, de fato, é perfeito, exatamente como você imaginou.

"Pense em toda a beleza que ainda existe ao seu redor e seja feliz."
Anne Frank — escritora

O MAPA SECRETO DA MINA

Pense em toda a incrível beleza do mundo à sua volta. Agora pense nos seus lugares prediletos no mundo — todos os lugares bacanas, todos os melhores recantos. Ou, talvez, somente um lugar onde você adora estar.

As pessoas vão tentar dizer a você que o seu lugar predileto não vai durar, que alguém, em algum momento, vai destruí-lo para sempre. Afinal de contas, isso é o progresso. Mas, a essa altura, você já deve estar sabendo que essas regras não se aplicam a você. Porque você tem o poder de atrair o que quiser.

Então, se ir a esse lugar legal (ou até morar nele) faz parte do seu sonho, você deveria fotografar ou baixar uma imagem dele, e colar a imagem na parede ou no espelho. Se tiver conhecimento de técnicas de desenho gráfico ou outro, faça uma imagem melhor: use o Photoshop para se colocar *dentro* da imagem.

Quando estiver terminada, imprima uma cópia e cole num lugar bem à sua vista. Talvez, você deva transformá-la no seu protetor de tela. Insira na sua página do Facebook, caso tenha um.

E olhe para ela sempre que puder. Respire-a profundamente e sinta a gratidão e a estima no seu coração por esse lugar incrível. Sinta as sensações de estar lá — os aromas, a vista, os sons, as sensações. Saiba que ele estará lá enquanto você quiser.

E acredite e saiba que o seu lugar preferido — e, na verdade, o mundo todo, enorme e belo, como você o vê agora — vai estar aqui para você pelo resto da sua vida. Porque você detém o poder. E esse é ***O SEGREDO***... para o mundo.

O SEGREDO
PARA VOCÊ
DO ZERO
AO HERÓI

Mesmo que você não goste de ciências, vai gostar de saber que ***O SEGREDO*** está em total harmonia com as últimas descobertas da física quântica. Por isso, se você curtir, ou for ao menos ligado no assunto, pode usar essas descobertas científicas em proveito próprio. Saca só...

Tudo no Universo é feito de energia. Animais, minerais, vegetais... até um copo d'água; são todos feitos da mesma matéria: energia. O que os torna diferentes é o fato de estarem vibrando em velocidades diferentes. Até quando duas coisas são quase idênticas, as diferenças sutis são medidas em termos de vibração.

Pense no copo d'água. Numa vibração baixa, a água vira gelo. E numa vibração alta, a água se torna vapor. Então, a água pode facilmente se transformar em gelo ou vapor, simplesmente pela mudança de vibração. Ela não precisa ir a lugar nenhum, ela só muda a vibração. Enquanto vapor, você pode até não conseguir vê-la, já que as vibrações são muito altas, mas, ainda assim, ela existe: a "água" ainda está ali. Por isso, se alguém, algum dia, tentar lhe dizer que há escassez de água, ou que não existe mais água, você sabe que não é assim.

E isso ocorre porque a água é, essencialmente, energia. Ela não desaparece ou evapora totalmente, ou se consome toda num banho; ela simplesmente desacelera sua velocidade para se tornar outra coisa. Porque a água — ou a energia — no nível subatômico, microscópico, infinitesimal, nunca pode ser criada ou destruída. Ela sempre existiu e sempre vai existir.

Agora, preste bem atenção, porque isso é muito louco...

Acontece o mesmo com você. Assim como a água, você sempre existiu e sempre vai existir. A sua verdadeira essência, o seu espírito, a sua energia pura, essas partículas subatômicas de energia de que você é composto, têm existido há bilhões de anos, e sempre vão existir. Não é incrível? Na verdade, você tem vários bilhões de anos de idade! E você aí crente que o seu avô é que era supervelho!

PARA TODO O SEMPRE

Falando sério, cientistas e físicos quânticos confirmam essa ideia de que a energia nunca pode ser criada nem destruída; ela simplesmente muda de forma. E, como você é feito de energia, você nunca poderá ser destruído. Você é eterno, você é infinito, e, para você, existe vida além do mundo físico. Ora, isso não quer dizer que você tem que sair que nem o menininho de *O Sexto Sentido*, batendo altos papos com a galera do além. Isso quer dizer apenas que a sua energia vai continuar a existir para sempre. E não somente isso: a energia que compõe você é apenas uma parte de um imenso campo de energia que constitui tudo no Universo.

Isso quer dizer que você, o seu melhor amigo, e até o seu pior inimigo são todos parte de um mesmo campo de energia. Vocês estão todos ligados. E o mais doido nisso tudo é que não é só o seu ser físico, o seu corpo, que faz parte desse mar de energia. São também os seus pensamentos, os seus sentimentos, a sua imaginação e toda a sua vibração. Isso tudo também é energia, e tudo conecta você a esse campo de energia e interliga todos ao redor do planeta. É como se houvesse uma Mente Una Universal, e você fosse parte dela. Somos todos Um.

Há quem chame isso de "inconsciente coletivo" — termo inicialmente usado pelo eminente psiquiatra e pai da psicologia analítica, Carl Jung. Outros chamam isso de "Amor Uno", como na canção de Bob Marley.

Ou você pode pensar em termos de *Matrix*, só que não precisa se preocupar com o Keanu Reeves salvando você de uma pilha Duracell em forma humana. Na verdade, é mais uma espécie de Matrix bacaninha, que conecta todos os seres humanos, animais, plantas e minerais da Terra. E você se liga a tudo só concentrando naquele ser humano, naquele animal, naquela planta ou naquele mineral que tem em mente. Somos todos Um. Maneiríssimo, não é?

Mas e daí? O que isso significa? Bom, para início de conversa, significa que você nunca está sozinho; você está sempre ligado, porque nós somos Um.

Por outro lado, também significa que, se você estiver criando encrenca com as pessoas, então essa encrenca só vai ricochetear de volta e prejudicar *você*. Como você está conectado a todos por meio dessa Mente Una Universal (também conhecida como Matrix/Matriz), vibrações ruins emitidas contra uma outra pessoa significam vibrações ruins para você.

SEU PIOR INIMIGO

É a mesma coisa com as competições. Quando você compete com alguém, costuma ganhar de si mesmo. E você nunca consegue ganhar assim, mesmo que na hora pareça que tenha ganhado.

Claro que um esporte pode ser divertido — e até render alguma grana, se você tiver talento o bastante. Mas é importante que você não deixe que a competição domine a sua vida. As pessoas que assumem uma atitude competitiva permanente estão frequentemente competindo nos negócios, nos relacionamentos, no amor e na própria vida. E, graças à lei da atração, na medida em que você compete para ser "o melhor de todos", você vai atrair uma competição voraz — e, a certa altura, vai acabar perdendo. Isso é tão inevitável na vida do dia a dia quanto numa arena desportiva, seja numa competição de bambolê na quadra da escola, ou numa final de Copa do Mundo. Se você procurar com muito empenho, por muito tempo, só existe uma grande certeza: você vai acabar encontrando alguém que vai ganhar de você. Até o Michael Jordan perdeu algumas vezes.

"Apenas jogue. Divirta-se. Curta o jogo."
Michael Jordan - campeão de basquete

Está vendo? A vida não é uma corrida até a linha de chegada. Não é como se todos nós estivéssemos numa correria desarvorada para dar um mergulho de cabeça dentro do túmulo. A vida é uma jornada de vivências, onde você deve se divertir enquanto está nela. Relaxe e curta a viagem. Tire a competição da cabeça, viva criativamente. Concentre-se nos *seus* sonhos e nas *suas* visões, não olhe para os lados, para o que os outros estão fazendo. Seja o melhor no que *você* pode ser — o que quer que seja.

Ganhar é isso... não esmagar um oponente que não é muito bom, mas ser tudo o que *você* pode ser. Não existe vitória em encontrar alguém inferior com quem você possa se comparar. Do mesmo modo, não faz sentido algum ficar arrasado se alguém é melhor do que você em alguma coisa. Apenas tenha orgulho de seus próprios esforços, e curta descobrir toda a extensão das suas habilidades.

HERÓIS

Steven Bradbury

Em plenas Olimpíadas de Inverno, em 2002, o patinador Steven Bradbury estava chegando ao fim de sua carreira (patinação de velocidade no gelo). Depois de passar 12 anos no circuito, Bradbury tinha concorrido e disputado com os melhores e carregava as marcas das batalhas como prova: duas vértebras quebradas, tração da espinha, 111 pontos onde uma lâmina de patins perfurou sua coxa e a perda de 80% do sangue derramado sobre o gelo. Agora, ele era o veterano das pistas e estava apenas torcendo para fazer o melhor possível — mesmo que isso significasse chegar em último. No entanto, ele teve a felicidade de se qualificar para a pista curta dos mil metros, graças, em grande parte, à desqualificação e às colisões ocorridas nas preparatórias, até as semifinais.

Assim, ele ficou ao lado de quatro patinadores muito mais fortes, rápidos e jovens, todos perfeitamente preparados para ganhar a qualquer custo. Bradbury resolveu não entrar nesse esquema, e ficar para trás, na esperança de que a agressão dos demais pudesse resultar em outra colisão. E, quem sabe, talvez ele pudesse conseguir uma medalhinha de bronze?...

Ao longo da corrida, ele tentou ficar junto do grupo, mas eles eram muito mais velozes. Porém, ninguém poderia ter previsto a carnificina da última volta. Os quatro competidores cheios de adrenalina se derrubaram mutuamente, esmagando-se reciprocamente contra o gelo, ensanguentados e feridos, enquanto o retardatário e lanterninha Bradbury patinava por eles, rumo ao ouro mais improvável.

Há quem diga que Bradbury seja o vencedor de medalha de ouro mais sortudo da história das Olimpíadas. A verdade é que ele tinha passado 12 anos competindo feito um louco, mas que, com aquela mentalidade competitiva, ele nunca tinha alcançado a plenitude do seu potencial. Pela primeira vez, ele patinou somente para fazer o melhor que ele poderia. E é isso que faz dele um verdadeiro campeão. Veja bem, nem tudo se resume a ganhar o ouro.

"Você nunca está, de fato, jogando contra um oponente. Você joga contra você mesmo, contra as suas próprias expectativas, e, quando chega ao seu limite, é uma verdadeira alegria."
Arthur Ashe — campeão de tênis

Quando você estiver competindo por alguma coisa, lembre-se de que estamos todos ligados, que todos temos uma conexão com a Mente Una Universal, que somos todos parte da Matriz, que somos todos Um. Por isso, se competir, você estará, na verdade, competindo consigo mesmo.

Lembre-se também que a Matriz conecta cada ser humano, animal, planta e mineral na Terra ao nível da energia. E isso inclui pensamentos, sentimentos, imaginação, tudo. Desde os princípios dos tempos, está tudo estocado num gigantesco banco de dados que pertence à Matriz, e todos acrescentamos algo a essa Matriz com cada pensamento nosso. Einstein nos diz que o tempo é uma ilusão, e que passado, presente e futuro são todos parte do banco de dados universal.

Isso quer dizer que não faz o menor sentido você correr para chegar primeiro, porque cada pensamento, cada sonho e cada *possibilidade* já está disponível. Eles já existem porque tudo está estocado na Mente Una Universal

— também conhecida como Matriz. E ela só está aguardando que *você* a acesse.

Isso é ótimo, porque cada criação na história — cada ideia boa, cada invenção brilhante que você usa todos os dias, como o iPhone ou o Wii, ou mesmo os clássicos como os óculos escuros Ray-Ban e aqueles Reeboks com velcro — foi originada na Mente Una Universal, mesmo que os criadores não soubessem disso.

E você também pode entrar nessa. Da mesma forma que Keanu Reeves e seus amigos se conectaram à Matriz para baixar o conhecimento sobre como fazer voar um helicóptero no momento em que precisaram, você também pode receber a inspiração, a motivação e o conhecimento para ser, fazer ou ter o que quiser. Apenas use a sua imaginação, e *PEÇA*, *ACREDITE* e *RECEBA*.

> *"Quer você pense que pode, quer você pense que não pode, de qualquer maneira, você está certo."*
> Henry Ford — fundador da companhia automotora Ford

Você acha que pode fazer isso? Você acha que pode acessar a Matriz e fazer o que quiser? SIM, VOCÊ PODE! A única razão para não poder é quando você diz que não pode, e se convence de que não pode. A verdade é que você *pode* alcançar e fazer qualquer coisa que quiser, sabendo disso.

No passado, você deve ter subestimado quão brilhante você é. Bom, agora você está ciente do fato de que faz parte dessa Mente Una Universal, desse inconsciente coletivo, dessa Matriz, e de que você pode extrair qualquer coisa que quiser disso. Muito legal, não é?

NÃO SERIA INCRÍVEL SE ALGUÉM INVENTASSE

Matrix deve estar muito provavelmente dando a você pistas quanto ao seu brilho potencial nesse exato instante. Por exemplo, você já pensou algo como: "Não seria incrível se alguém inventasse _____ (*preencha o espaço em branco*)?" Ora, por que não seria você a pessoa a inventar esse/essa ________ (*preencha o espaço em branco*)?

E o melhor de tudo é que, depois de se perguntar "Não seria incrível...?", você passou a atrair todo tipo de pensamentos e teorias, e ideias criativas, e soluções técnicas partilhadas por outras pessoas que tiveram a mesma onda mental, em qualquer momento da história humana. Os seus pensamentos atraem as suas ideias. Não é legal? É como se você nem precisasse ser um gênio ou algo parecido para que, de repente, esses pensamentos geniais pintassem na sua cabeça. Apenas abra os olhos e os ouvidos, observe o que está faltando ou que é preciso para completar o tal "Não seria incrível...?", tenha um primeiro pensamento e BOOM!... isso já é meio caminho andado.

QUEM QUER FICAR ZILIONÁRIO?

Pense nos inventores do YouTube. O YouTube começou com três rapazes que só queriam partilhar vídeos feitos durante uma festa, mas os documentos eram grandes demais para serem enviados por e-mail. E eles se perguntaram: "Por que alguém não inventa um site para baixar e partilhar vídeos?" Então, reuniram suas economias e fizeram exatamente isso, construindo uma companhia de US$1,65 bilhões num período de 18 meses.

Da mesma maneira, o estudante de Harvard de 19 anos, idealizador do Facebook, se perguntou por que ninguém tinha inventado uma versão online daqueles álbuns de fotografia que são impressos no final do ano letivo, na faculdade. Com uma mãozinha dos amigos, ele se organizou e criou um site social na internet para escolas que, de repente, se tornou um fenômeno mundial. E, como os caras do YouTube, hoje, ele é arquimilionário.

O interessante é que, em ambos os casos, eles não foram os primeiros a pensar no que criaram — compartilhar vídeos ou sites sociais. Eles apenas constataram o que estava faltando, o que era necessário no mundo, e acessaram a Matriz em busca de ideias. Então, eles seguiram as melhores teorias, métodos e processos, e descobriram as melhores soluções possíveis. E não era uma questão de competição, nem de ser o primeiro. Era uma questão de atrair a inspiração da Mente Una Universal. E as soluções geniais simplesmente brotaram.

SOMBRA DE DÚVIDAS

Ainda assim, muitas pessoas ainda têm dúvidas com relação ao seu potencial criativo e a sua habilidade em acessar a Matriz. Elas mesmas desconversam e se convencem de que isso tudo é para os outros, não para elas. Elas dizem coisas do tipo:

- "Talvez você consiga, mas eu não."
- "Não sou inteligente o bastante."
- "Não tenho jeito para a coisa."
- "Você não sabe o rolo que está a minha vida."
- "Eu tenho problemas, você não."

Bom, a questão é a seguinte: todo o mundo tem problemas. Todos têm algum tipo de rolo. Se você acha que a sua vida é uma droga, veja só:

- Halle Berry foi uma sem-teto e teve que morar em abrigos municipais em Nova York, quando ainda era uma atriz principiante.
- Rob Thomas, da banda de rock Matchbox Twenty, foi um sem-teto durante três anos, morava na praia e dormia em bancos de praça.
- Joss Stone, cantora, compositora e atriz, tem dislexia e largou a escola aos 16 anos de idade.
- Cristina Aguilera e a mãe foram vítimas de violência física por parte de seu pai.
- Oprah Winfrey foi molestada e sofreu abuso físico por parte de parentes, aos nove anos de idade, fugiu de casa e ficou grávida aos 14 anos.

Pouco importa quão ruins as coisas fiquem: muito provavelmente, tem alguém numa situação ainda pior do que a sua. E, muito possivelmente, ele ou ela conseguiu fazer um enorme sucesso, apesar dos problemas maiores do que os que você está enfrentando atualmente.

> *"Não importa quão duro tenha sido o passado, sempre se pode recomeçar hoje."*
>
> Buda – mestre espiritual

Compreenda que você não está condenado a ficar preso ao seu passado. Como esses nomes famosos podem provar, você não é apenas o seu passado. Claro, ele é parte de você, e talvez até o defina e o inspire. Mas cabe a você decidir se o passado age como uma âncora ou como uma plataforma de lançamento. Decida-se: você pode escolher fazer papel de vítima e continuar uma, ou mudar o roteiro, colar um grande S no peito e tornar-se um super-herói.

No filme *Super Escola de Heróis*, todos os super-heróis adolescentes de amanhã são classificados no seu primeiro dia como heróis ou ajudantes de herói, de acordo com a avaliação, feita pela faculdade, do seu potencial. E a vida é assim: alguém está sempre tentando classificar você, lhe colocar um rótulo e dizer o que você pode ou não fazer. No filme, o destino do mundo está por um fio, e tudo se resolve quando os "ajudantes" agem acima do seu potencial e se tornam heróis, por seus próprios méritos. O mesmo funciona para você: não deixe que ninguém o limite, ou lhe dê um papel subalterno, ou de vítima, ou de donzela em perigo.

QUANDO VOCÊ BANCA A VÍTIMA, VIRA VÍTIMA

Você não acha melhor ser herói? Claro que sim. Então, faça a sua escolha. Não banque a vítima, e não vire vítima. Não seja prisioneiro das circunstâncias e dos acontecimentos passados.

O primeiro passo para isso é abrir mão do passado. Não se apegue às mágoas. Por que desistir de parte de sua energia e do espaço valioso no seu cérebro em prol de alguém do seu passado, para quem você nem dá mais bola? Lembre-se, os seus pensamentos são poderosos, por isso não os desperdice com pessoas que não importam mais. Esqueça e perdoe, e continue se sentindo bem, e concentrando-se nas coisas de que você realmente gosta.

HISTÓRIAS REAIS

O Segredo de KC

Era uma tarde ensolarada e calma, numa cidadezinha sonolenta e remota. Todos estavam em casa, depois de uma manhã ocupada na fazenda. De repente, uma mulher corre para a rua, descalça, e grita: "Fogo! Fogo! Minha casa está pegando fogo! Fogo! Fogo!" Era a minha mãe!

Logo, todos da cidade apareceram. Alguns correram para apagar o fogo, passando um balde de mão em mão, e usando a mangueira do jardim. Nós, as crianças, já estávamos em segurança, e olhávamos para essa cena horrível do fim da rua. Estávamos petrificados, amedrontados e apatetados, e meu coração batia tão forte que eu pensei que ele ia pular para fora do peito. Eu sabia quem era responsável por aquilo...

Finalmente, o fogo foi apagado, quando chegou uma equipe de bombeiros. Todos ficaram contentes que o fogo não tenha se espalhado às outras casas, mas a casa de madeira de minha família ficou destruída e não sobrou nada.

Para muitos, era o fim de um desastre. Mas, no fundo do meu coração, eu sabia que se tratava somente do início de um capítulo, para um menino da roça, de apenas oito anos de idade. Fui eu quem, sem querer, comecei o fogo, brincando com velas num dos quartos. Contei para a minha mãe quando me dei conta de que a cortina começou a pegar fogo, mas já era tarde demais. As chamas rapidamente se espalharam pelo quarto.

"Fogo! Fogo!" Esse grito ainda ecoa na minha cabeça. O fogo produziu uma "superestrela" no sentido negativo. As crianças na escola me criticavam, assim como os parentes próximos. Eles me viam como uma criança má. Alguns até me proibiram de visitá-los. Claro, a maior repreensão veio do meu pai. Lembro como ele me batia, minha mãe me ignorava, e os parentes eram maus comigo. Minha posição em casa foi transformada de uma criança amada em uma criança que todos detestavam.

Eu não ateei o fogo de propósito. Não sou piromaníaco. Se iniciar o fogo era considerado um crime, eu já não tinha pagado o preço, ao longo dos últimos sete anos, pelo meu erro?

Embora eu tenha, sim, conseguido me reerguer do "fundo do mar", e ver a luz, minha vida tem tido muitos reveses e consequências nefastos devido a esses meus primeiros anos de vida. As pessoas sempre dizem: "Se você acredita em si mesmo, tudo é possível." Mas, no meu caso, eu sempre duvidei de mim mesmo. Minha falta de confiança aumentou a minha impressão de nunca ter sorte. Em outras palavras, eu simplesmente não acreditava que coisas boas pudessem acontecer comigo.

Finalmente, foi O Segredo que abriu o meu coração. Durante todos esses anos, minha raiva e falta de perdão com relação a essas pessoas me atormentaram. Mas será que minha raiva os magoou? Não. O Segredo tem razão: se você tem raiva e ódio, e outros pensamentos negativos sobre as pessoas, eles vão voltar para você, e magoar ninguém mais além de você. E se você não deixar o seu passado de lado, você vai trazer mais obstáculos para a sua vida.

De acordo com O Segredo, a maneira de fazer isso é perdoando. Quero perdoar meu pai e qualquer outra pessoa que tenha me machucado intencionalmente ou não. Comecei a pensar coisas boas sobre elas. Meus resultados: eu jamais teria vindo a esse mundo sem meus pais, e não teria a menor chance de estar rodeado de todas essas pessoas incríveis que conheço hoje. Era a minha mãe quem trabalhava dia e noite por cada centavo, a fim de criar seus seis filhos, depois que meu pai morreu. Eu te amo, mãe!

Inevitavelmente, O Segredo tem influenciado muito a minha vida. Por meio desse livro, pude compreender como nossos pensamentos são poderosos, e como podemos mudar as coisas mudando nossos pensamentos. O Segredo me deu uma linha mestra para encontrar a chave crucial, que abre os verdadeiros segredos que residem no meu coração, que vão permitir que uma abundância de prosperidades o penetre.

KC

Flórida, EUA

O MAPA SECRETO DA MINA

Às vezes, se você quiser deixar o seu passado para trás e continuar se sentindo bem, você precisa mudar as coisas como numa reconstrução pessoal total. Mas, diferentemente das reconstruções feitas na televisão, não estamos falando em maquiagem, um novo penteado, uma cinta apertada, uma roupa. Estamos falando da sua vibração e de como reconstruir a maneira de você se sentir por dentro. E, como em todas as reconstruções, você tem que jogar fora o velho, para que o novo entre.

A primeira coisa que você precisa jogar fora são todas aquelas percepções autodepreciativas que começam com "não posso" ou "não sou forte o suficiente para isso", ou "eu nunca vou ter dinheiro bastante para comprar isso".

Você precisa eliminar esses pensamentos, e substituí-los pelo seu oposto.

É aqui que as ***afirmações*** entram em cena. As afirmações são usadas como uma espécie de frase-chave para missões específicas, que você repete para si mesmo um monte de vezes, até que elas se instalem e se tornem hábitos. São afirmações positivas feitas no tempo presente, o que faz parecer que a missão já tenha se tornado uma realidade.

"Eu sou o maior. Eu já dizia isso, mesmo antes de ser."
Mohamed Ali — campeão de boxe

Eis aqui uma dica importantíssima. As duas primeiras palavras, "eu sou", são as palavras mais poderosas que você pode usar. Porque, o que quer que venha depois delas, é o que você cria. Por isso, se quiser combater para valer os seus pensamentos autodepreciativos, enfrentando todas as coisas ruins, você tem que decidir o que quer realmente, e, então, colar um "eu sou" antes. Aqui estão alguns outros exemplos que você pode querer usar:

- Eu sou único e valoroso.
- Eu sou lindo por dentro e por fora.
- Eu tenho um monte de ideias ótimas.
- Eu sou extremamente criativo.
- Eu consigo fazer tudo o que me proponho a fazer.
- Eu sou saudável, forte e perfeito do jeito como sou agora.

- Eu tenho confiança em mim mesmo e sempre sei a coisa certa a dizer e a fazer.

Você pode experimentar, escrevendo sete afirmações por dia, logo depois de fazer as suas listas de gratidões presentes e futuras. Você pode repetir as mesmas afirmações todos os dias, ou bolar afirmações diferentes, mas tenha certeza de estar sinceramente sentindo cada uma delas, e certifique-se de que elas o deixam arrepiado e ressoam na sintonia da sua vibração. E leia as afirmações em voz alta, idealizando-as enquanto olha num espelho. Transforme-as no seu desafio pessoal, no seu código de comportamento, num modelo que você tem que atingir a cada dia da sua vida.

Uma vez resolvidas as suas afirmações, está na hora de acionar o modo turbo. Porque as afirmações são legais, mas se você quiser mesmo lhes dar garra, tente visualizar ao mesmo tempo. Veja-se sendo único, brilhante, lindo ou forte. Sinta a sensação de alcançar, de fato, a sua visão — viver, vestir e ***ser*** a sua afirmação. Aí, você estará, mesmo, no caminho para a criação do seu ***EU*** perfeito.

QUE PERFEIÇÃO

OK, quer ouvir uma coisa muito doida?

Olha só: Jesus, Buda, Confúcio, Maomé — ou seja, os messias iluminados de todas as religiões —, todos concordam em uníssono: ***VOCÊ*** já é perfeito. ***VOCÊ*** é divino.

Você é como um deus em forma humana. Você é um gênio. Você tem acesso à Matriz. E você pode criar o que desejar.

> *Você é poder total. Você é saber total. Você é inteligência total. Você é perfeição. Você é magnificência. Você é o criador, e está criando a criação de Si Mesmo nesse planeta.*
>
> Rhonda Byrne
>
> **O SEGREDO**

É verdade. E você tem a mais poderosa capacidade de criar. Na verdade, você está criando arte nesse exato momento. Você está criando uma história magnífica. Você está criando vida... a sua própria vida ***SECRETA***.

O SEGREDO PARA A VIDA

BEM-VINDO À BOA VIDA

Se você quer viver a vida dos seus sonhos, se quer que todos os dias pareçam uma aventura, se quer o amor e a felicidade bem ao seu alcance, agora e pelo resto dos seus dias, então tem tudo a ver você tentar entender por que está nesse planeta, bem aqui e agora. Para saber o que está por vir e qual o seu propósito na vida.

Talvez você já tenha pensado nessas coisas bem abstratas em algum momento de sua vida, ou, talvez, ainda não. Mas uma coisa é certa: se você está esperando que algum guru explique tudo direitinho para você, então pode esperar sentado.

O fato é que você não é a Dorothy, do *Mágico de Oz*, moradora de uma fazendola no Kansas. Nem existe uma estradinha de tijolos amarelos, nem tem um mágico de araque escondido atrás da cortina para lhe dar umas dicas. Então, você vai ter que entender as coisas sozinho.

Mas, na verdade, esse mistério que tem encucado as pessoas há milhares de anos é muito simples. ***O SEGREDO*** da vida é o seguinte:

VOCÊ ESTÁ AQUI PARA CURTIR

É só isso. Não é nada hipercomplicado. A sua maior obrigação é se divertir.

"A vida existe para ser divertida, alegre e plena."
Jim Henson — criador dos Muppets

Dito de outra forma:

"Acredito que o propósito de nossa vida
é a busca da felicidade."
Dalai Lama — líder espiritual

Ora, você ainda precisa ser convencido? O líder espiritual do budismo tibetano e a voz do Sapo Caco estão de acordo: o objetivo maior da vida é se divertir, buscar a felicidade, ser feliz. Esse é o seu único propósito na vida.

Muitas vezes as pessoas confundem o seu propósito na vida com o seu trabalho, o negócio da família, o caminho preestabelecido para sua carreira, seus estudos, ou as expectativas dos outros. E isso leva à infelicidade — que é exatamente o oposto do seu propósito na vida.

Bom, se Dalai Lama e Jim Henson expuseram a verdade, e o seu propósito na vida é realmente apenas se divertir e ser feliz, então você tem a responsabilidade de se divertir, ser feliz e fazer a luz de seu entusiasmo brilhar sobre o mundo. A sua jornada, seu rumo na vida, a razão pela qual você se levanta todas as manhãs deveria ser o que ***VOCÊ*** decide, o que ***VOCÊ*** escolhe. Então, por que não escolher coisas que o deixam se sentindo bem, animado e feliz?

Ao se sentir bem, ao vivenciar a felicidade, você vai atrair mais experiências e sentimentos de felicidade. E, por meio dessas experiências que atrai, o que você mais curte fazer vai ficar ainda mais nítido e claro.

Em breve, você vai descobrir aquela coisa que o deixa arrepiado de emoção. Aquela coisa que faz o seu coração bater forte, a sua respiração arfar e a sua mente ficar a mil. Descubra *isso* e você terá a vida preenchida com um propósito e uma paixão.

"A única coisa que você tem que fazer na vida é ser apaixonado e entusiástico, e sua vida será maravilhosa."
Steve Irwin — o Caçador de Crocodilos

Lembra-se de onde essa jornada começou, quando você escreveu uma lista com as suas coisas prediletas — todas as coisas que curte? E, quando você a reduziu a três coisas, para estabelecer o seu propósito, a sua paixão e a sua motivação na vida?

Olhe para ela e refaça a lista, agora que você sabe que pode ser, fazer ou ter o que quiser.

......

Mudou alguma coisa? Está mais claro, agora, o que você quer fazer com a sua vida? Está mais clara, agora, a sua paixão?

O surpreendente nisso tudo é que, ao descobrir a sua paixão, você assume um compromisso com ela, todo o resto entra nos eixos, e o seu caminho se ilumina diante dos seus olhos. A lei da atração vai trazer um monte de coisas legais: pessoas, circunstâncias e oportunidades na sua vida — tudo isso porque você se conectou e sintonizou sua vibração.

Outra coisa que você vai descobrir é que sua paixão é a chave para sua vibração e sua felicidade. Por exemplo, se algum dia você se sentir frustrado, zangado ou infeliz, é quase certo de que não esteja fazendo aquilo que identificou como sendo a sua paixão. Na verdade, sua frustração é provavelmente um sinal de que você está sendo impedido de abraçar sua paixão. Então, o objetivo é eliminar os bloqueios, se colocar de volta nos trilhos e em sincronia com a sua paixão. E, então, a felicidade vai chegar.

"A paixão faz o mundo girar."
Ice-T — cantor de hip-hop, ator

Conhecer sua paixão também pode ajudá-lo se você estiver sofrendo pressão de outras pessoas para seguir um determinado caminho na vida: prestar vestibular para uma certa faculdade, estudar determinado assunto, começar uma profissão, entrar para um clube ou grupo social, praticar um esporte ou instrumento musical, ou adotar um estilo de vida ou uma religião — mesmo que isso não seja o que você quer.

ESCOLHA JOVEM

Muitas das vezes essas escolhas que outras pessoas tentar impor a você, mesmo que bem-intencionadas, provavelmente não o entusiasmam de modo especial. Isso já é uma dica: isso lhe diz alguma coisa. Claro, ouça as ideias e opiniões dos outros, mas, no final das contas, decida sozinho, e escolha o que entusiasma ***VOCÊ***.

Porque o lance é o seguinte: ninguém nunca foi muito bom numa coisa que não curte fazer. Pergunte à atriz Reese Witherspoon, ganhadora do Oscar. Os pais dela eram ambos profissionais da medicina, e todos partiam do princípio de que ela faria medicina. Mas a paixão dela era interpretar. É por isso que ela é excelente na frente das câmeras e porque quase certamente ela NÃO teria sido uma boa médica. Não que ela não seja inteligente o bastante, mas por causa da paixão. No discurso, ao receber o prêmio, ela resumiu sua filosofia: *"Olha, só estou tentando ser alguém nesse mundo, e ter uma vida boa, e fazer um trabalho que signifique alguma coisa para alguém."*

Parece uma ambição justa para qualquer um.

O PODER DE UMA PESSOA

Quando você pegou este livro pela primeira vez e começou essa jornada, talvez não soubesse exatamente o que queria fazer com a sua vida... Talvez porque você já tivesse desistido dos seus sonhos. Talvez você tivesse parado de acreditar na esperança, nos sonhos e nos milagres. Talvez você tivesse parado de acreditar em ***VOCÊ***.

Mas agora que conhece ***O SEGREDO***, você pode alcançar coisas que antes acreditava serem impossíveis, ou coisas que pensava que eram para os *outros* alcançarem. Você tem o poder e a habilidade de ter, de fazer e de ser o que você escolher. Está tudo ao seu alcance.

O que você faz com esse poder é decisão sua. Está nas suas mãos. Se decidir usá-lo, ou não usá-lo, a decisão é exclusivamente sua, e, de qualquer maneira, está tudo bem. O que você escolher está bem para ***VOCÊ***.

"Quando você descobrir como tudo é perfeito,
vai levantar a cabeça e rir para o céu."
Buda — mestre espiritual

Esse momento na história do mundo — aqui e agora — é o mais incrível de todos. Pense bem: você vai ver o impossível se tornar possível, em todos os campos da atuação humana, inclusive esportes, saúde, diversão, artes, tecnologia e ciência. Abra mão de todos os seus pensamentos de limitação e dúvida, e você vai poder vivenciar o potencial ilimitado da humanidade. E, claro, vai vivenciar a ***SI MESMO***.

O Segredo está dentro de você. E, quanto mais usar o poder que existe dentro de si, mais irá atraí-lo até você. Você chegará a um ponto em que não vai mais precisar praticar, porque você vai Ser o poder, vai Ser a perfeição, vai Ser a sabedoria, vai Ser a inteligência, vai Ser o amor, vai Ser a alegria...

A Terra gira em sua órbita por causa de Você. Os oceanos se erguem e fluem para Você. Os pássaros cantam para Você. O sol nasce e se põe por Você. Cada coisa bela que você vê, cada coisa maravilhosa que vivencia, está tudo aqui por Você. Olhe à sua volta. Nada disso existe sem Você. Não importa o que você pensava ser, agora conhece a Verdade de Quem Você Realmente É. Você é o mestre do Universo. Você é o herdeiro do reino. Você é a perfeição da Vida. E agora você conhece O Segredo.

Rhonda Byrne

O SEGREDO

Então, agora que você conhece ***O SEGREDO***, e que começou a viver ***O SEGREDO***, já deve estar entendendo o quão importante e especial você é, realmente. Aceite que você é o futuro e que você vai abrir caminhos. E saiba que, nos próximos anos, as pessoas vão olhar para trás e dizer: "Essa foi a geração que teve a sacação e que atingiu uma nova compreensão das coisas. Essa foi a geração que descobriu as respostas."

O mundo vai ser um lugar melhor porque você ousou sonhar. E, melhor ainda, você começou a viver esses sonhos por ***VOCÊ***.

O poder do ***SEGREDO*** vive em ***VOCÊ***.

Este livro foi composto em Gotham Book
e impresso pela Ediouro Gráfica sobre
papel pólen bold 90g para a Ediouro, em maio de 2010.